THEODOR FONTANES
TRAUMORTE

1. Auflage 2019
© Elisabeth Sandmann Verlag GmbH, München
ISBN: 978-3-945543-63-4
Alle Rechte vorbehalten

Lektorat: Heike Ochs
Umschlagsfoto: Joseph Pearson, *unsplash.com*
Gestaltung: Anja Fuchs
Herstellung: Peter Karg-Cordes
Druck & Bindung: L.E.G.O. Spa, Vicenza

Besuchen Sie uns im Internet unter www.esverlag.de

Luise Berg-Ehlers

THEODOR FONTANES
TRAUMORTE

*Eine besondere Zeitreise von England über
Dänemark und Frankreich nach Italien*

ELISABETH
SANDMANN

Inhalt

Einleitung

oder ...hinterm Berge wohnen auch Leute

Wer an der Küste aufwächst, hat einen weiten Blick über das Meer und möchte in die Ferne, möchte die Welt hinterm Horizont erkunden, denn hinterm Horizont geht es weiter und man kann der Provinz entkommen. Für Theodor Fontane hieß die Provinz »Mark Brandenburg«, das märkische Neuruppin, wo er geboren wurde, doch prägende Kinderjahre verbrachte er an der Ostsee, in Swinemünde (heute Świnoujście), zu seiner Zeit eine lebhafte Hafenstadt, an deren Kais Schiffe aus aller Welt festmachten. Der Hafen war für die Jungen ein Abenteuerspielplatz, und mit den Segelschiffen – die überseeische Dampfschifffahrt entwickelte sich erst später – reiste man in der Fantasie zu fernen Abenteuern. Dazu trug nicht unwesentlich die Tatsache bei, dass in dem Ort Menschen aus vielen Ländern Europas lebten. In seinen Erinnerungen *Meine Kinderjahre* schreibt Fontane, dass der »Bewohnerschaft« jener Stadt alles Spießbürgerliche fremd gewesen sei, weil sie einen ausgesprochen internationalen Charakter gehabt habe. Man traf auf »Repräsentanten aller nordeuropäischen Völker«, seien es Dänen, Schweden, Holländer oder Schotten, und wahrscheinlich waren es diese Begegnungen, die Fontanes Begeisterung für den Norden bewirkten. Vielleicht ist es auch kein Zufall, dass Fontane Städte jener Länder als seine »Traumorte« benennt, auf deren Bewohner er als Kind traf: Kopenhagen,

Stockholm und Edinburgh. Nicht selten gilt die Sehnsucht von Menschen aus nördlichen Regionen Italien, dem Land, wo die Zitronen blühen und die abendländische Kultur ihren Ausgang nimmt. Doch Fontane bezeichnet sich in einem Brief 1896 als »Nordlandsmensch«, und weder in seinem Werk noch in seinen (Reise-)Wünschen spielt Italien eine große Rolle. Immerhin: zweimal reiste er über die Alpen und fand den Süden attraktiver als erwartet, auch wenn es mancherlei gab, was ihn störte – die kulinarische Verwendung von Knoblauch war noch das geringste Übel.

Bevor aber Fontane die provinzielle Mark und Berlin, die damals auch noch recht provinzielle Hauptstadt Preußens, verlassen und zu Wanderungen durch Europa aufbrechen kann, bemüht er sich, eine beruflich auskömmliche Stellung zu erreichen, dabei zwischen Poesie und Pharmazie schwankend.

Am vorletzten Tag des Jahres 1819 als Henri Théodore Fontane in der brandenburgischen Garnisonsstadt Neuruppin geboren, wo sein Vater die Löwen-Apotheke gekauft hatte, schien ein gutbürgerlicher Lebenslauf vorgezeichnet. Doch Fontane sen. versuchte ständig, die Abscheu vor der Langeweile in einer Provinzstadt am Spieltisch zu verlieren, verlor aber stattdessen im Laufe der Zeit das Vermögen der Familie. Für den jungen Theodor bleibt daher statt des erträumten Universitätsstudiums nur die Arbeit als Apotheker, in verschiedenen Offizinen zwischen Leipzig und Berlin. In einem Brief an seinen Freund Bernhard von Lepel stellt er 1849 melancholisch-frustriert fest: »Man ließ mich Apotheker werden, weil man das Geld verprassen wollte, was zur Ausbildung der Kinder hätte verwendet werden müssen.«

Während dieser Zeit schreibt er Gedichte, wird Mitglied in literarischen Vereinen, verliebt sich in Emilie Rouanet-Kummer und hofft auf baldige Heirat. Doch die Verlobungszeit dauert fünf Jahre, da die jungen Liebenden nicht über die für eine Familiengründung notwendigen Mittel verfügen. Und die Situation wird nicht besser, als Fontane die Pharmazie aufgibt, um sich als freier Schriftsteller zu etablieren. Erst als ein Freund ihm eine offizielle Anstellung bei der »Centralstelle für Preßangelegenheiten« des preußischen Innenministeriums verschafft, kann 1850 geheiratet werden. Bald aber kommt die Kündigung, dann wieder die erneute Einstellung – die wirtschaftliche Situation der jungen Familie bleibt desolat. Im Laufe der Jahre werden sieben Kinder geboren, von denen drei kurz nach der Geburt sterben.

Emilie muss vieles allein durchstehen, denn Fontane war inzwischen – 1852 und dann wieder 1856 – nach England geschickt worden, um dort für die konservative preußische Regierung als Korrespondent zu arbeiten.

Nach seiner Rückkehr tritt er 1860 in die Redaktion der *Neuen Preußischen (Kreuz-)Zeitung* ein, und endlich ist eine gewisse ökonomische Sicherheit geschaffen. Die journalistische Tätigkeit lässt ihm viel Zeit für seine *Wanderungen durch die Mark Brandenburg* – eine Arbeit, die ihn in den nächsten dreißig Jahren beschäftigen wird. Ferner sorgen die politischen Ereignisse für neue Aufgaben: Buchverträge verpflichten Fontane, im Nachgang zweier Kriege (1864 und 1866) nach Dänemark und in die k.-u.-k. Monarchie zu reisen. 1870 wechselt er als Theaterkritiker zur liberalen *Vossischen Zeitung* und beginnt, sich intensiver mit dem Romanschreiben zu beschäftigen. Reisen nach Frankreich während des Deutsch-Französischen Krieges (Kriegsgefangenschaft inklusive) unterbrechen seine Arbeit am Roman, lassen ihn jedoch Reise- und Kriegsbücher schreiben. Nach Erscheinen des Romans *Vor dem Sturm* 1878 folgen zwanzig schöpferische Jahre eines Schriftstellers, der als der bedeutendste deutsche Romancier der zweiten Hälfte des 19. Jahrhunderts gelten darf. In einem Alter, in dem andere schon lange im Ruhestand sind, veröffentlicht er neben anderen Werken sechzehn Romane. Am 20. September 1898 stirbt Theodor Fontane und wird auf dem Friedhof der Französischen Gemeinde an der Liesenstraße in Berlin beigesetzt.

Auch wenn die Daten und die wichtigsten Lebensstationen Fontanes die enge Verbindung mit der Mark Brandenburg und Berlin deutlich machen, so muss seine Offenheit für die europäische Welt, seine prinzipielle Akzeptanz von Menschen jenseits preußischer bzw. deutscher Grenzen ebenso klar gesehen werden. Im Folgenden soll daher der »märkische Wanderer« dem »europäischen Wanderer« ausdrücklich den Vortritt lassen, wobei zu zeigen sein wird, wie sehr im Leben wie im Werk Fontanes ein für die damalige Zeit beachtliches Verständnis für andere Länder und andere Nationen zu konstatieren ist. Diese »grenzüberschreitende« Einstellung des Autors soll in diesem Buch im Vordergrund stehen. Fontane als »früher Europäer« aus der Mark, als weltläufiger und weltoffener Berliner, der aber trotz aller Toleranz eine kritische Sicht auf die Welt beibehält, ist auch und gerade in der heutigen Zeit von besonderer Bedeutung.

Er selbst verweist in seinen Erinnerungen *Kriegsgefangen* auf den vorurteilsbehafteten Peter Parley, der die Menschen aller Länder holzschnittartig kategorisiert. Das allerdings erstaunt nicht unbedingt, denn Peter Parley war das Pseudonym des amerikanischen Autors und Pädagogen Samuel Griswold Goodrich (1793–1860). Dieser schrieb vornehmlich Bücher für Kinder, in denen er des leichteren Verständnisses halber die Welt stark simplifiziert darstellte. Als Beispiel mögen Sätze aus den *Tales about Europe* von 1854 dienen: »Die Schweden sind arm, aber anspruchslos und rechtschaffen. Die Österreicher sind größtenteils sehr fleißig und glücklich. Die Preußen sind ein sehr soldatisches Volk.« Wenn also Fontane Peter Parley bemüht, so spricht er damit weitverbreiteten nationalen Stereotypen eine kindliche Weltsicht zu, die einem Erwachsenen nicht mehr gut ansteht und deren Absurdität er in persönlichen Begegnungen erfuhr.

Wichtig ist hier, auf eine immer wieder zitierte Feststellung zu verweisen, die für das Werk Fontanes bis hin zu seinem letzten Roman *Der Stechlin* eine Art Subtext bildet, die er aber auch mehrfach plakativ als Quintessenz seiner Erfahrungen in Briefen zitiert – nämlich die Lebensweisheit »Hinterm Berge wohnen auch Leute«. Im 19. Jahrhundert gehörte diese Sentenz zum philosophischen Repertoire all jener, die zu einer Relativierung eigener Befindlichkeiten und Ansichten in der Lage waren. Auch in anderen Sprachen wird dieser Gedanke formuliert; das 1866 erschienene Buch *Das Sprichwort als Kosmopolit* verdeutlicht die Internationalität dieser Spruchweisheit exemplarisch. So heißt es zum Beispiel im Holländischen: »Überall stehen die Giebel in die Höhe«, oder im Englischen: »In jedem Lande geht des Morgens die Sonne auf«.

Die Wanderungen Fontanes durch Europa sind viele Jahre beruflich motiviert, da er seinen Verpflichtungen als Journalist, als Kriegsberichterstatter und als Reiseschriftsteller nachkommen wollte und musste. Erst in höherem Alter konnte er auch Ferienreisen in die Ferne unternehmen, mal allein, mal mit seiner Ehefrau Emilie. Wer Anteil nimmt an Europa und dessen Entwicklung, wer reiselustig ist und heute Fontane auf seinen europäischen Wanderungen begleiten will, kann das auf verschiedene Weise tun. Er muss sich nur entscheiden, ob er lieber Geld oder Grusel investieren will, ob er lieber »Traumorte« oder »Albtraumorte« aufsuchen möchte. In einigen der Häuser, in denen schon unser Autor nächtigte, könnte er ein Zimmer buchen, doch das

würde teilweise teuer werden. Denn beispielsweise das Hotel d'Angleterre in Kopenhagen am Kongens Nytorv, das Hotel Bauer Palazzo am Canal Grande in Venedig oder – etwas näher gelegen – der Bayerische Hof in München gehören heute zu den teuersten Herbergen auf dem Kontinent. Weniger zu empfehlen ist die Unterbringung in verschiedenen französischen Gefängnissen von Besançon bis Oléron, wobei Letzteres, da nicht mehr als Strafanstalt genutzt, noch das »angenehmste« wäre – doch davon später.

Viel wichtiger aber wäre, dass der historisch interessierte Reisende heute die Schlachtfelder dreier preußischer Kriege erkundete, die mit der Zeit immer blutgetränkter, größer und – aus nationaler Sicht – bedeutender wurden. Die Besichtigung dieser Stätten kann das Verständnis Fontane'scher Kriegsbücher erleichtern und deren Bedeutung sowohl im historischen Kontext wie auch für die Nachwelt noch fassbarer machen. An den Erklärungen und Beschreibungen Fontanes lässt sich ablesen, wie weit der Weg war vom Europa der Schlachtfelder zum Europa des friedlichen Miteinanders. Zugleich wird deutlich, wie sehr Fontane seine Schriften aus der Perspektive einer für seine Zeit bemerkenswerten Versöhnlichkeit verfasste, die ihn zu einem Autor europäischer Perspektive machte.

Fontanes Maxime, keine Bücher aus Büchern zu machen, soll auch für dieses Buch über seine europäischen Wanderungen gelten, weshalb die Autorin viele Orte, an denen er war, und viele Wege, die er ging, selbst aufgesucht hat. Natürlich sind nur noch wenige Plätze genau in der Gestalt zu besichtigen, in der sie seinerzeit von Fontane vorgefunden und beschrieben wurden. Zuweilen jedoch lässt sich – zumindest mit ein wenig Fantasie – der Eindruck erahnen, den der Reisende im 19. Jahrhundert empfangen konnte.

Kapitel 1

Die Insel der Briten nicht nur mit der Seele suchend

oder Das Land zwischen Themse und Tweed: Fontanes lebenslange Liebe

Ein Grenadier des Garderegiments »Kaiser Franz«, als Einjährig-Freiwilliger dienend, steht im Mai 1844 Unter den Linden in Berlin auf Königswache. Trotz Uniform fühlt er sich mehr als Poet denn als Soldat, und seine Zuneigung gehört vor allem englischen Dichtern. William Shakespeare ist sein dramatischer Held, und in einem wagemutigen Versuch hat er bereits dessen Drama *Hamlet* übersetzt. Zu gerne würde er einmal in das Land des Barden aus Stratford-upon-Avon reisen, doch leider fehlen ihm dazu die Mittel. Doch während er seinen Dienst versieht, geschieht das Unerwartete: Ein wohlhabender Freund aus Neuruppiner Kindertagen lädt ihn ein, mit ihm am nächsten Tag nach England zu reisen. Als der junge Gardist seine Erinnerungen als älterer und prominenter Autor Theodor Fontane Ende des 19. Jahrhunderts veröffentlicht, schreibt er von dem »Hochflug seiner Seele« in der Vorfreude auf die Reise, der noch weitere Englandaufenthalte folgten.

Die Erfahrung, aus preußischer Enge in britische Weite, aus der Hauptstadt Berlin in die Weltstadt London zu kommen, die Begegnungen in und mit Großbritannien werden für den Journalisten und später für den Romancier Fontane ungemein wichtig. Von seiner ersten Englandreise ist er so beeindruckt, dass er einige Erlebnisse noch in seine Erinnerungen *Von Zwanzig bis Dreißig* aufnimmt, die mehr als fünfzig Jahre später publiziert werden. Im Laufe der

Abb. S. 15:
Kreidefelsen an
der englischen
Südküste

Jahre wandelte sich sein recht unkritischer Enthusiasmus zu einem – immer noch – begeisterten Realismus, der zwar auch besserer Kenntnis, vor allem aber einem Pragmatismus geschuldet ist, der aus den beruflichen Pflichten eines Angestellten der preußischen Regierung resultiert. Doch zunächst ist Theodor Fontane als Tourist unterwegs, dessen erster und auch später immer wieder beschworener Eindruck der geliebten Insel die *White Cliffs of Dover* sind. Wer heute nach London oder Südengland nicht per Schiff reist, wird leider um diese Einstimmung gebracht – glücklicherweise aber auch um die Beschwerden bei einer mitunter stürmischen Überfahrt, unter denen Fontane nicht selten zu leiden hatte.

Zwar ist es eine Binsenweisheit, dass die Hauptstadt eines Landes dieses politisch, aber nicht in allen kulturellen, sozialen und sonstigen Eigenheiten repräsentiert, doch für Fontane stand zu Beginn seiner englischen Erfahrungen – auch in Ermangelung weiterer Erlebnisse – London gewissermaßen als »Pars pro Toto«. Auch später, als er bereits andere Gegenden der Insel samt deren Besonderheiten kennengelernt hatte, blieb London immer im Fokus seines Interesses, was auch daran lag, dass er als Korrespondent der preußischen Regierung vor allem an britischer Politik interessiert sein musste – und die vollzog sich dort zwischen Parlament und Palast.

> *»Wenn jemand Londons überdrüssig ist, ist er des Lebens überdrüssig; denn in London gibt es alles, was das Leben bieten kann.«*

Zurück zur kurzen Reise 1844. Sie war für Fontane eine Art »England-Initiation«, zwar ohne Rituale, aber von intensiver Nachhaltigkeit. Voller Enthusiasmus wirft er sich London gewissermaßen in die Arme, dabei im Umkehrsinne einen überzeugenden Beweis für die Gültigkeit von Samuel Johnsons berühmtem Diktum liefernd: »Wenn jemand Londons überdrüssig ist, ist er des Lebens überdrüssig; denn in London gibt es alles, was das Leben bieten kann.« Fontane kann sich zu seinem Bedauern weder 1844 noch später all das leisten, was London und das Leben dort zu bieten haben, aber die Metropole

sorgt dafür, dass er sich zuweilen lebendiger und weniger »müde« fühlt als daheim. Schließlich ist er dort, wohin er immer reisen wollte und was er als seine »Anglomanie« ironisiert: »Seit Jahren blickt' ich auf England wie die Juden in Ägypten auf Kanaan«, denn für ihn ist die Insel das gelobte Land, in dem er hofft, jene Liberalität zu finden, die er in Preußen so schmerzlich vermisst.

Aber es ist nicht nur die politische »Freiheitlichkeit«, die den später mit der Revolution (1848) sympathisierenden Fontane so sehnsuchtsvoll zur britischen Insel und zur Metropole London hinüberschauen ließ. Zwar hat er sich durchaus mit der sozialen Problematik Britanniens beschäftigt, doch die ihm als ungeheuer aufregend erscheinende, von Größe und Menschenmassen geprägte Realität der Metropole lässt ihn kaum das Elend sehen, das seinen Ausdruck ebenfalls in der Masse findet. Die Problematik der »Industriellen Revolution«, die in Großbritannien eher einsetzt als auf dem Kontinent, scheint für den Preußen weniger präsent. Es ist sogar möglich, dass »Industrie« mit den Vorstellungen des Dichters von der Romantik der britischen Insel inkompatibel war. Daher lehnte er auf seiner späteren Reise nach Schottland einen Aufenthalt in Glasgow, der Stadt mit Fabrikschornsteinen als Wahrzeichen, entschieden ab. Interessant ist in diesem Zusammenhang eine Ankündigung der *Vossischen Zeitung* im Januar 1860 zu Vorträgen, die Fontane über seine Erlebnisse auf der britischen Insel halten will. Die Zeitung hebt hervor, dass die Zuhörer nicht nur das schottische Hochland kennenlernen sollen, sondern ebenfalls »die Fabrikstädte mit ihren rauchenden Dampfschloten und ihrer riesigen Industrie«. Das Interesse des liberalen Blattes und seiner Leser an Wirtschaftsfragen dürfte erheblich größer gewesen sein als die Bereitschaft Fontanes, sich näher darauf einzulassen und auf »Romantisches« zu verzichten.

Ähnlich wie Heinrich Heine könnte Fontane den Satz zitieren, den jener – ähnlich beeindruckt – etliche Jahre zuvor nach einem Londonbesuch geschrieben hat: »Ich habe das Merkwürdigste gesehen, was die Welt dem staunenden Geiste zeigen kann, [...] dieser steinerne Wald von Häusern und dazwischen der drängende Strom lebendiger Menschengesichter mit all ihren bunten Leidenschaften [...] – ich spreche von London.« Und Heine fordert einen Philosophen zur Londonreise auf, nicht etwa einen Poeten. Dem kann Fontane – obwohl Poet – wenigstens im Ansatz Genüge tun, denn in seinen Notizen formuliert er weniger dramatisch, aber nicht unähnlich und fast

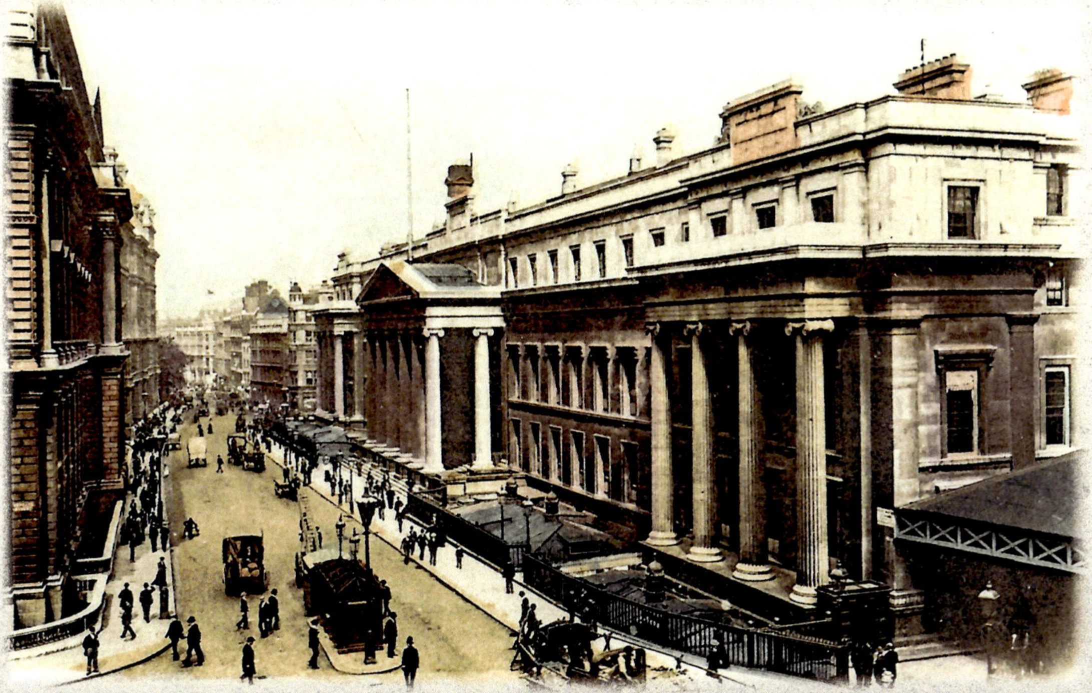

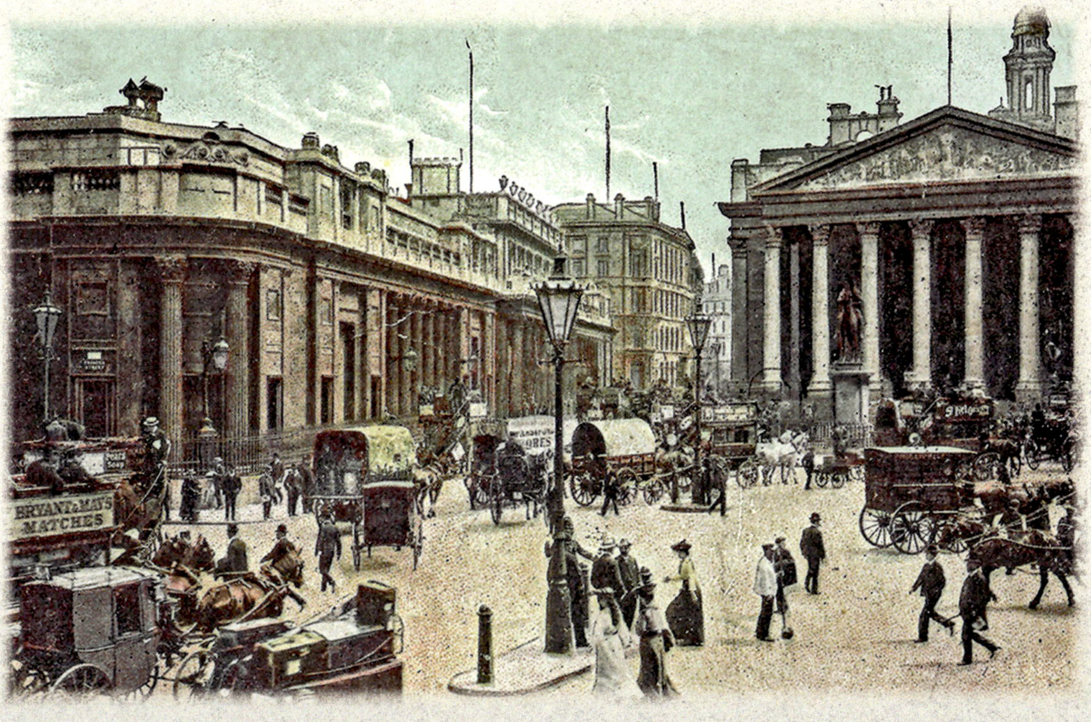
BRYANT & MAY'S
MATCHES
Pears
Soap

philosophisch: »London hat einen unvertilgbaren Eindruck auf mich gemacht; nicht sowohl seine Schönheit als seine Großartigkeit hat mich staunen lassen. Es ist das Modell oder die Quintessenz einer ganzen Welt.« Sicher ist dieses Urteil auch der euphorischen Überwältigung geschuldet, die den jungen Mann bei seinem ersten Besuch erfasst hat, jedoch ist der Verweis auf die »ganze« Welt bezeichnend, wenn auch nicht unproblematisch. Denn die Welt, auch Fontanes Welt, war damals noch relativ »eurozentrisch« und das nicht nur in geografischer Hinsicht. London war Mitte des 19. Jahrhunderts in der Tat eine »Weltstadt«, da die Briten koloniale Besitzungen auf allen Erdteilen erworben hatten. Die Bemerkungen von Heine oder Fontane über die »ungeheuerliche Metropole« gehören gleichsam zu den »London-Topoi« der damaligen Zeit. Ein deutscher Reiseführer von 1844 nennt London den »Leviathan der Städte«, welcher vor allen Städten der Erde den Namen »Weltstadt« verdiene und der ein hoch gesteigerter Exponent der Zivilisation sei – ein Urteil, das dem Fontanes ähnlich ist.

> »London hat einen unvertilgbaren Eindruck auf mich gemacht; nicht sowohl seine Schönheit als seine Großartigkeit hat mich staunen lassen. Es ist das Modell oder die Quintessenz einer ganzen Welt.«

Während seiner Aufenthalte (1844 als Tourist, 1852 und 1855–59 im Regierungsauftrag) lernt er London näher kennen, besucht Theater und Ausstellungen, Schlösser und Museen und kann somit die Weltstadt der Menschenmassen auch als Weltstadt kulturellen Lebens bewundern. Und so entwickelt er ein Bild von der Metropole, das zwar immer positiv bleibt, aber kritischer Aspekte nicht entbehrt. Das Leben in der Millionenstadt ändert seinen Blick auf die Welt nachhaltig und bewirkt, dass er märkischer Provinzialität entwächst. Obendrein sorgt die Beziehung des Korrespondenten zur preußischen Gesandtschaft dafür, dass er Erfahrungen sammelt, die ihm eine relativierende Sicht auf politisches Handeln ermöglichen. Die Überwältigung durch die Metropole

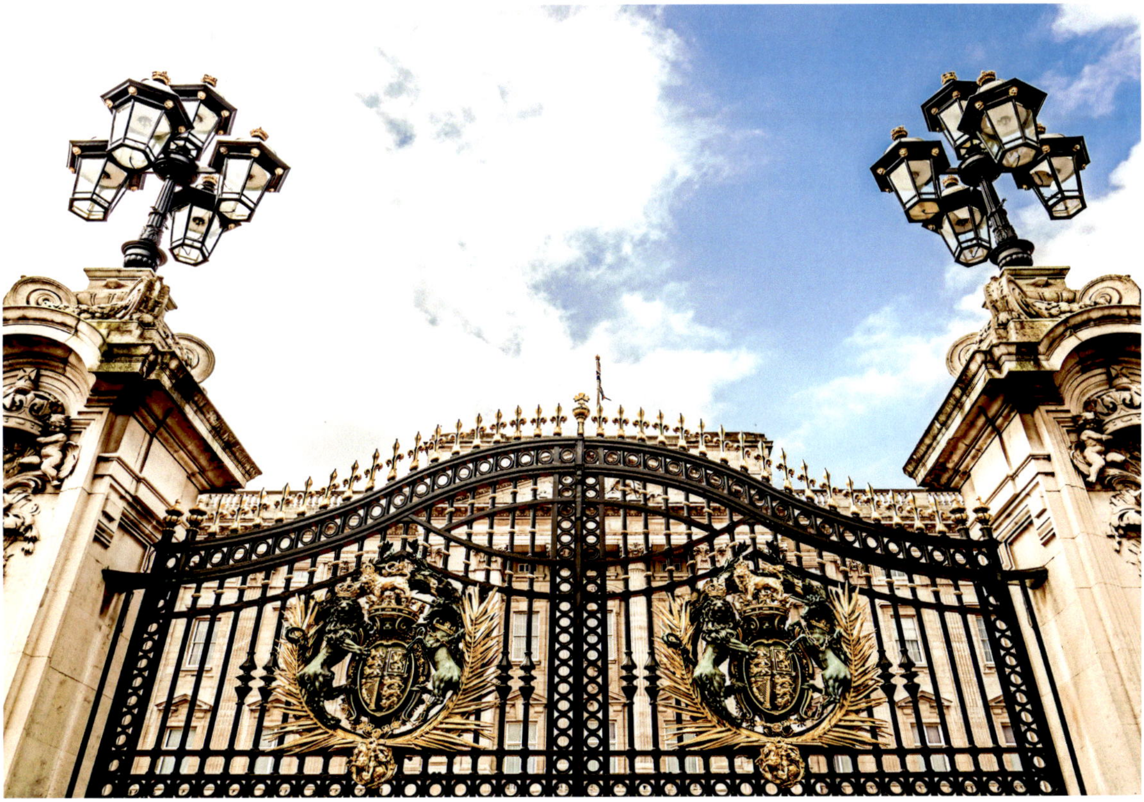

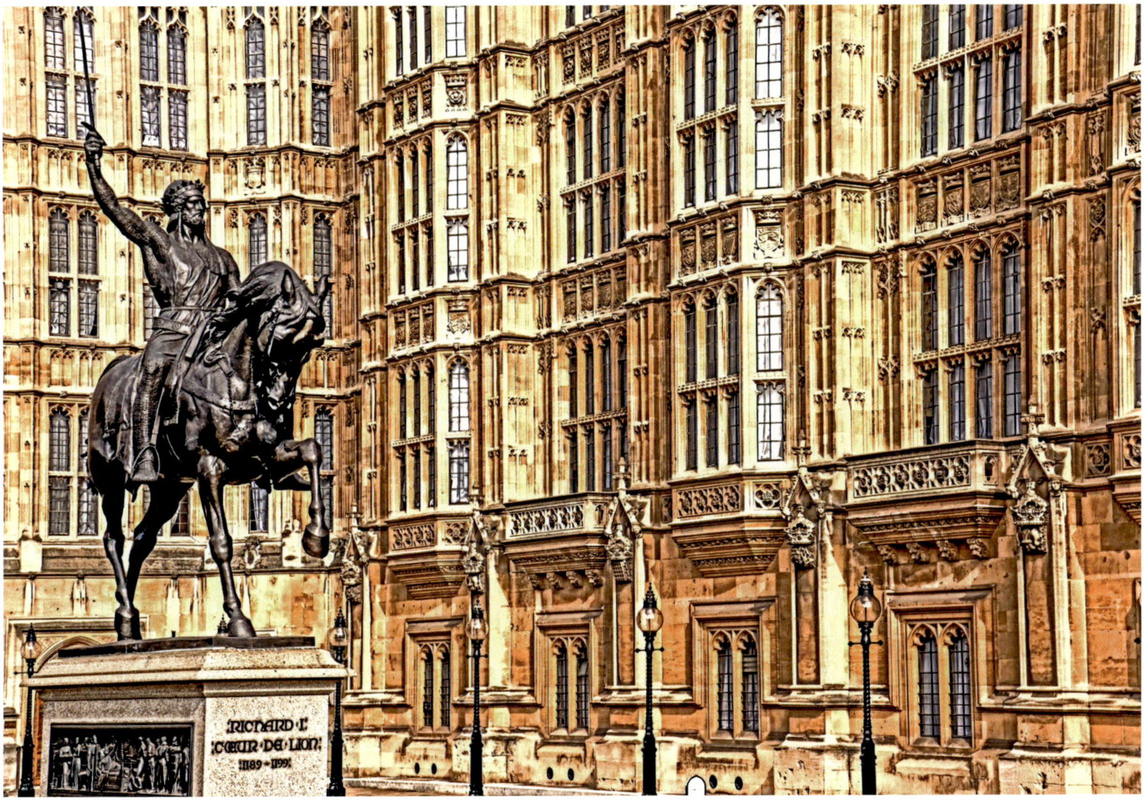
RICHARD I
CŒUR DE LION
1189 – 1199

wird aber immer wieder eingeschränkt durch die Unannehmlichkeiten des Alltags, ohne dass diese aber den positiven Eindruck überdecken. Es sind die jeweiligen Lebensumstände, die zwar nicht seine Gefühle *für* London, wohl aber seine Gefühle *in* London beeinflussen. Vor allem das Fehlen der Familie machte ihm zu schaffen, und es ging ihm viel besser, als er 1857 mit Frau und Kindern vereint war.

Die Begeisterung des Literaten für die aufregende Stadt verstellt teilweise den Blick auf die »Nachtseiten« des Londoner Lebens. Die extreme Armut, die Not und das Elend sind für Fontane weit weg, da er aus intensiver eigener Anschauung nur das London der Bürgerlichkeit kennt. Wenn er St Giles durchstreift, eines jener Viertel, das zu den elendsten der Metropole gehört,

und 1858 für die *Kreuzzeitung* unter dem Titel *Frühling in St. Giles* darüber schreibt, so lässt sich darin bereits eine Frühform der von ihm geforderten »realistischen Verklärung« erkennen. Ein zeitgenössischer englischer Journalist bezeichnete St Giles, das im 19. Jahrhundert unter dem Begriff »Rookery« (Elendsviertel) firmierte, als ein Synonym für Dreck, Elend und Verderbtheit. Fontane wiederum erwähnt zwar auch kurz die Armut, doch dann lässt er die Sonne ihre Strahlen über den Schmutz ausgießen, denn es ist Frühling! Wer mit Fontane durch St Giles geht, der nimmt ein heiteres Bild mit heim.

Als eine Art Kontrastprogramm zu der für den jungen, unerfahrenen Besucher verwirrenden Unübersichtlichkeit Londoner Lebens lernt Fontane 1844 dank einer großzügigen Einladung auch die beschauliche Ordnung ländlicher Existenz kennen. Noch zehn Jahre später erinnert sich Fontane in seinem Buch *Ein Sommer in London* an den Sonntag, den er dank der Gastfreundschaft eines englischen Bekannten auf dem Lande verleben durfte, auch wenn die Küchenkunst des Hauses weniger beglückend war. Es gibt Fisch und Fleisch und einen ziemlich unappetitlichen Reiskuchen samt Stachelbeeren, doch die Ströme an Wein und Champagner, die ausgeschenkt werden, reißen alles heraus. Dem noch nicht so spracherprobten Fontane hilft vor allem großzügig fließender Sherry, auch im Englischen flüssiger zu werden – für ihn auch später eine erprobte Medizin gegen vielerlei Beschwerden, seien sie sprachlicher oder körperlicher Art. Der Besuch im Hause des gastfreien Briten gehört zu Fontanes schönsten Erinnerungen an England. Acht Jahre später muss er resigniert feststellen, dass sich das Leben in London für Ausländer verändert hat. An seinen Freund Lepel schreibt er im Mai 1852, die »englische Hospitalität« habe »ein Leck« bekommen, und es scheine ihm, als habe man sich während der »Exhibition« (der durch Prinz Albert initiierten Weltausstellung 1851) »an allen Fremden ein für allemal den Magen verdorben und dulde dies Gericht nicht mehr auf dem Tisch«.

(...) seine tägliche »Fütterung« beschränke sich auf »Thee und Hammel«.

Zu den weniger schönen Erfahrungen, die immer wieder von ihm moniert werden, gehört sein Missfallen an der englischen Küche. Er klagt über bedauerliche Einseitigkeit auf dem Teller, über Rindfleisch – meist zäh – oder Hammelkoteletts – ebenfalls nicht sonderlich zart. Im Tagebuch seufzt er, dass die ewigen Hammelgerichte nicht auszuhalten seien und er einen Taler gäbe für eine Portion Schoten mit Moorrüben [sic!] oder für eine Satte [i.e. Schüssel] saure Milch. In einem Brief an seinen Freund Lepel heißt es, seine tägliche »Fütterung« beschränke sich auf »Thee und Hammel«. Dabei ist sein Stammlokal immerhin *Simpson's in the Strand* samt angeschlossenem *Café Divan* (der englischen Institution für das Schachspiel), wo er mit Kollegen diskutiert und die wichtigsten Zeitungen liest. Als Besonderheit werden in dem Restaurant große, exzellent gebratene Fleischstücke von Hammel, Lamm oder Rind angeboten, die man auf einem Servierwagen zum Gast fährt, damit dort eine Scheibe abgeschnitten und mit Yorkshire-Pudding aufgetischt wird. Diese Spezialität kann man in dem Restaurant noch heute genießen!

Bedenken muss man jedoch, dass Fontane einen sehr sensiblen Magen hatte und leicht in den Zustand der Appetitlosigkeit geraten konnte. An seine Frau schreibt er 1852, wieder einmal matt, malade und frustriert klagend: »Appetit ist immer noch nicht da, was aber zum Theil daran liegt, daß ich, selbst wenn ich Hunger habe, nur selten zum Wohlgeschmack an den englischen Küchenprodukten komme.« Dieses Problem hätte sich wahrscheinlich bei besseren finanziellen Verhältnissen lösen lassen! Wenn er nämlich in munterer Gesellschaft ein Picknick mit allerlei Köstlichkeiten verspeist, erscheint ihm die englische Kulinarik gleich in viel positiverem Licht. Bekannte haben ihn zu einem Ausflug mit dem Boot auf der Themse nach Hampton Court, dem Schloss von Heinrich VIII. eingeladen. Die Repräsentationsräume des mächtigen Baus aus der Tudorzeit wurden von Königin Viktoria gleich zu Beginn ihrer Regierungszeit 1838 zur Besichtigung freigegeben. Zwar ist dem Historiker Fontane der Besuch des Palastes wichtig, und er besichtigt ihn gründlich und ist nachhaltig beeindruckt, aber die Genüsse des traditionellen englischen Sommervergnügens sind ihm mindestens ebenso wichtig. Auf dem Rasen sind im Schatten mächtiger Bäume die mitgebrachten Leckereien ausgebreitet: zu einer Hühnerpastete mit goldgelber Kruste und einem Rosinenkuchen gibt es Champagner und Portwein. Und Fontane schließt die Mahlzeit – so beschreibt er es in dem Buch *Ein Sommer in London* – »mit jenem Toaste, der, von Herzen kommend, in britischen Herzen noch immer sein Echo fand: Old England forever.« Auch in

einem Brief an die Mutter lobt Fontane die exquisiten Genüsse wie Lachs, Hummer und Steinbutt, die sich auf englischen Tafeln – anders lautenden Gerüchten zum Trotz – schon immer fanden. Seltsamerweise aber schwindet Fontanes Abneigung gegen die englische Küche, als er wieder in Berlin lebt und seine Frau Emilie den Speiseplan nach der »Hammelfleisch- und Rindfleisch-Sphäre« gestalten muss. Vielleicht ist es die Erinnerung an sein früheres »Sehnsuchtsland«, die Fontane in Berlin wenigstens am familiären Esstisch wachhalten möchte.

Der erste Aufenthalt in London war kurz und wirkungsvoll; er war gewissermaßen ein »Appetizer«, der die Überlegungen Fontanes, zum Aufbau einer sicheren Existenz länger in London zu leben, nachhaltig beeinflusste. 1850 hatte er Emilie Rouanet geheiratet, wie er aus der Französischen Kolonie stammend und wie er mit sensibler Konstitution ausgestattet. Es ist nicht in geringem Maße ihr zu verdanken, dass die Höhen und Tiefen ihrer gemeinsamen Existenz – fast immer aus ökonomischen Nöten entstanden – die Ehe nicht wirklich gefährdeten. 1850 trat Fontane widerstrebend in ministerielle Dienste als eine Art Pressebeobachter, verlor den Arbeitsplatz, wurde wieder eingestellt und erhielt im Frühjahr 1852 den erbetenen Auftrag, als Korrespondent nach London zu gehen. So schwer Fontane die Trennung von der Familie fiel – 1851 war der besonders geliebte Sohn George geboren –, so sehr freute er sich auf ein Wiedersehen mit der Metropole. Obendrein hoffte er, sich vielleicht in London eine Existenz aufbauen zu können, sei es als Journalist oder als Sprachlehrer. Eine Arbeit in seinem erlernten Beruf kam für Fontane kaum infrage, da der Erwerb einer Apotheke eine riesige Summe verlangt hätte und er obendrein die englische Pharmazie recht skeptisch beurteilte und das preußische Apothekenwesen höher schätzte. In einem Brief an seine Frau stellt er 1852 deshalb abschließend fest: »[...] ich bin lieber deutscher Schriftsteller als englischer Apotheker«, und das wird für ihn zeitlebens gelten.

Bei seinem zweiten Aufenthalt ist Fontane erneut begeistert, wenn er mit dem Bus, am liebsten auf dem Oberdeck sitzend, durch die Straßen Londons fährt. In gewisser Weise kann man Fontane als eine Art »Bus-Flaneur« bezeichnen, obwohl dieser Begriff nicht ganz sachgerecht ist. Doch seine Vorliebe, sich zuweilen auch ohne festes Ziel durch die Stadt »kutschieren« zu lassen, nur der Beobachtung hingegeben, ist einem Flanieren ähnlich. Allerdings kann er viele seiner Wege auch zu Fuß bewältigen, da die meisten seiner gemieteten Unterkünfte relativ nah an den für ihn wichtigen Gebäuden liegen: dem Strand (*Café Divan* und *Simpson's*), der Carlton House Terrace (*Preußische Gesandtschaft*) oder, etwas weiter, dem *General Post Office* in St Martin's Le Grand nördlich der St. Paul's Cathedral. Die Hauptpost war für ihn ein derartiges Faszinosum, dass er dem hektischen abendlichen Betrieb dort einen gesonderten Artikel in der *Kreuzzeitung* widmete.

Als endlich auch die Familie im August 1857 nach London übersiedelt, kann Fontane mit Emilie und den beiden Söhnen im heutigen Stadtteil Camden ein Haus beziehen. 52 St Augustine's Road (heute Hausnummer 6) heißt die Adresse bis zur Rückreise der Fontanes nach Berlin; seit 2005 erinnert eine *Blue Plaque* an den Dichter mit der Inschrift »Theodor Fontane. 1819–1898. German Writer and Novelist lived here 1857–1858«. Nördlich von Bloomsbury und südlich von Hampstead gelegen, ist diese Gegend recht bürgerlich und gut situiert. Erstmals seit seinen Kinderjahren kann Fontane endlich ein Haus – wenn auch gemietet – bewohnen, was ihm in Berlin nicht möglich war und auch später nicht möglich sein wird. Das Gebäude ist nicht sonderlich repräsentativ, im Gegenteil: Es ist – wie die meisten Häuser in den Londoner Außenbezirken, sofern sie nicht in einer ausgesprochenen Villengegend stehen – ein übliches Reihenhaus, neben dem noch viele andere die Straße säumen. Große Fenster im Souterrain verweisen auf die frühere Unterkunft des Personals, zum Eingang führt eine große Treppe hinauf, und Haustür wie Frontfenster heben sich vom gelbgrauen Backstein durch helle Umrandungen ab. Heute wird die Straße von Maklern als »a charming and picturesque residential road« angepriesen – und sie ist somit entsprechend teuer.

Auch wenn Fontane während seiner England-Aufenthalte in den Jahren zuvor nicht sonderlich luxuriös wohnt, so lebt er als »möblierter Herr« doch in den »besseren« Stadtteilen, zumeist in Bloomsbury. Dieses Viertel hat durchaus eine vornehme Historie, da es sich seit dem 17. Jahrhundert (bis heute) im Besitz der Russells, einer Familie des Hochadels, befindet. 1852, bei seinem zweiten Aufenthalt in London, bezieht Fontane eine Unterkunft am Tavistock Square, und in dem Band *Ein Sommer in London* beschreibt er seine neue Wohngegend so anheimelnd, dass man gerne dort Quartier nehmen würde. »Der Stadtteil, den ich jetzt bewohne, besteht überwiegend aus großen und kleinen Plätzen, so dass die Straßen, die sich vorfinden, weniger um ihrer selbst, als vielmehr um der Verbindung willen, die sie zwischen den zahllosen Squares unterhalten, da zu sein scheinen [...].« Vor allem aber bedeuten die Squares die Integration der Natur in die Stadt, und so sehr Fontane auch von der Größe Londons schwärmt, so sehr genießt er die Idylle in der Metropole. Seine Beschreibung eines Sommerabends am Tavistock Square lässt erahnen, wie wohl er sich zuweilen an dem kleinen Platz in der großen Stadt gefühlt haben mag, wenn er gegen Abend hinausschaute. »Ein Ahornbaum bildet mit seinen Zweigen ein Laubdach über uns, auf den Balkonen der Nachbarhäuser stehen die schlanken Ladies und schauen mit vorgehaltner Hand in die untergehende Sonne, auf dem Rasenplatz des Square spielen und lachen die Kinder [...] und ein Gefühl süßer Befriedigung beschleicht uns [...].«

> »Ein englisches Zimmer ohne glimmende Kohlen ist Wassersuppe ohne Salz; es fehlt das einzige, was die Sache genießbar macht.«

Zur Behaglichkeit englischen Wohnens gehört für Fontane auch der Kamin, vor dessen wärmendem Feuer sich das neblige London viel leichter ertragen lässt. Und da er immer jegliches kühle Lüftchen sofort als gesundheitsgefährdende Zugluft empfindet, leidet er heftig unter jenen Temperaturen, die für einen abgehärteten Engländer nicht der Rede (geschweige denn der Klage) wert sind. Halb ironisch, doch wie häufig Mitleid heischend, schreibt er im November 1855 an seine Frau, den ständigen »Zug« beklagend: »Die Engländer nennen das ›Ventilation‹; was sie ›Zug‹ nennen, deckt die Dächer ab und würde in der ganzen übrigen Welt Sturmwind heißen.« Und deshalb moniert der Behaglichkeit und Wärme suchende Fontane an seiner Tavistock-Unterkunft das Fehlen eines Kamins; in seinem Tagebuch notiert er: »Ein englisches Zimmer ohne glimmende Kohlen ist Wassersuppe ohne Salz; es fehlt das einzige, was die Sache genießbar macht.«

Der Schriftsteller erlebt auch die soziale Veränderung dieses Stadtteils mit: vom Quartier des Adels zu dem der Intellektuellen, die sich um das »Bildungs-

zentrum« von London, das *British Museum* mit seinem speziellen Nukleus, dem *Round Reading Room* der Bibliothek, versammeln. Fontane arbeitet ebenfalls häufig in diesem Elysium für Bücherfreunde, dessen Atmosphäre Lesen und Forschen zu den wunderbarsten Beschäftigungen machte. Sein Nachbar am Square ist Charles Dickens, dessen Berühmtheit ihn etwas einzuschüchtern scheint, weshalb er ihn auch nicht aufsucht. Für Fontane bilden die Romane dieses Autors die Londoner Realität, so wie er selbst sie wahrnimmt, nicht hinreichend ab; erst später lernt er die Werke des Briten schätzen. Auch eine seiner Romanfiguren lässt Fontane am Tavistock Square wohnen: Graf Holk (in *Unwiederbringlich*) bezieht nach dem Scheitern seiner Ehe dort Quartier und erfreut sich – trotz deprimierender Gefühle der Verlassenheit – an dem reizenden Bild, das der Platz bietet.

Fontane benötigte ebenfalls nicht selten eine Tröstung in seiner Londoner Einsamkeit, denn im Gegensatz zu dem ersten Aufenthalt acht Jahre zuvor fehlten jetzt der Freund und die Reisegenossen, und wegen seiner ungesicherten beruflichen Situation konnten Frau und Kind nicht nachkommen. In einem Brief an seinen Freund Lepel (10. Mai 1852) klagt Fontane sein Leid, das ihn die geliebte Stadt sehr melancholisch, fast schon depressiv erleben

lässt: »[...] keine Katze kümmert sich um mich, selbst die Hunde weichen
einem aus, als hielten sie's unter ihrer Würde, einen Deutschen anzupissen.«
Zu seinem Trübsinn trägt noch ein anderes englisches Brauchtum bei, das
er wie die englische Küche häufig beklagt – der englische Sonntag. Bei der
späteren Lektüre des Romans *Little Dorrit* seines Nachbarn Dickens dürfte er
eine präzise Beschreibung gefunden haben, wie der Tag des Herrn auf der Insel
dank Oliver Cromwell und der Puritaner aussieht: »Melancholische Straßen,
im Büßergewand von Ruß, versetzten die Seele der Leute [...] in die traurigste
Niedergeschlagenheit. [...] Nichts, um das gedrückte Gemüt zu zerstreuen
oder zu erheitern. Nichts blieb dem müden Arbeiter, als die Monotonie des
siebenten Tages mit der Monotonie seiner sechs Tage zu vergleichen.« Fontane
selbst beschreibt den englischen Sonntag wie einen schalen Morgen, öde, leer
und verschlafen nach einem wilden Fest.

Trost an solchen Tagen bieten Ausflüge in die nähere oder weitere Umgebung oder auch zu den Sehenswürdigkeiten der großen Stadt, für deren Besuch unter der Woche kaum Zeit ist. Ein wenig erinnert Fontanes Schilderung
dieser Unternehmungen an das Vergnügen einer Berliner Landpartie, wobei
nur der Kremser fehlt. Statt seiner gibt es große Busse oder Dampfschiffe nach
Richmond, und Fontane nimmt einen offenen Bus, um auf dem Oberdeck
dem langweiligen Londoner Sonntag zu entfliehen. Begeistert schreibt er
über seinen Spaziergang den Richmond Hill hinauf, von der Höhe mit einem
herrlichen Blick auf die unten fließende Themse belohnt. Eigentlich hätte er,
der so gerne seine Eindrücke durch Vergleiche oder Assoziationen anschaulich macht, auf einen der populärsten Maler seiner (und nicht nur seiner)
Zeit und dessen berühmte Bilder mit dem Blick vom Richmond Hill auf die
Themse verweisen müssen. Immerhin hat er Werke des farbgewaltigen Künst-
lers William Turner bei einem Besuch der Kunstausstellung in Manchester
kennengelernt. Doch auch Fontane »malt« die Aussicht auf die Themse in
romantisch-poetischer Anmutung, wenn er schreibt: »[...] das blaue Band der
Themse, bedeckt mit Inseln und Böten, gleitet mitten hindurch wie ein Streif
herabgefallenen Himmels.«

Der Tower oder der »Glaspalast«, der als Crystal Palace die Attraktion der
Weltausstellung 1851 war, stehen ebenfalls auf Fontanes Ausflugsprogramm.
Der Besuch der inzwischen leeren und scheinbar dem Verfall preisgegebenen

Ausstellungshalle, die an ein riesiges Gewächshaus erinnert (konstruiert von dem Gartenarchitekten Joseph Paxton, der für den Herzog von Devonshire in Chatsworth arbeitete), lässt Fontane elegisch über Vergänglichkeit sinnieren. Wenige Jahre später – der Crystal Palace ist inzwischen abgebrochen und in Sydenham wieder aufgebaut – beklagt Fontane dann wiederum die Überfülle all dessen, was jetzt dort zu sehen ist. Fürchtete er früher die Depressivität des Niedergangs, so scheint ihm jetzt ein derart reiches Angebot für alle Sinne den Niedergang geistigen Anspruchs zu bedeuten.

Während Fontane im gläsernen Palast melancholisch wird, befällt ihn während der Besichtigung des Towers ein Gefühl des Grauens, das auch seine Leser empfinden sollen. Beeindruckt sieht er das *Traitor's Gate*, und in seiner Fantasie werden hier Todgeweihte in finsterer Nacht mit einem Boot eingeschleust. Von den zahlreichen Türmen ist es der *Bloody Tower*, dem sein leicht morbides, wenn auch historisch verbrämtes Interesse gilt. Ort eines angeblichen Prinzenmordes, in dunklem Kerker dahinsiechende Gefangene, Zwingburg für die Untertanen, Hinrichtungsstätte für Königinnen, Endstation für Hochverräter – der Tower erscheint dem preußischen Journalisten als ein zu Stein gewordenes Gruselkabinett.

Trotz mancher Empfehlungsschreiben findet Fontane nicht annähernd die intensiven persönlichen Kontakte, wie er sie in Berlin hatte – von einer erhofften Beschäftigung als Deutschlehrer ganz zu schweigen. Dabei bemüht er sich sehr, Schüler zu gewinnen: Er inseriert in der *Times*, entwirft Flyer und glaubt festzustellen, dass auf einen Engländer fünf Deutsche kämen und sowieso die meisten Londoner Deutsch sprächen. Völlig Unrecht hat er mit diesem, vermutlich aus Frustration erwachsenen Statement nicht, denn schon lange vor der Heirat von Königin Viktoria mit Prinz Albert von Sachsen-Coburg und Gotha war die Bedeutung der deutschen Sprache auf der Insel gewachsen, da seit 1714 Hannoveraner auf dem britischen Thron saßen. Und Deutschkenntnisse gehörten in England bis ins 20. Jahrhundert zum kulturellen Besitz der gebildeten Schichten. Dennoch gelang es Fontane nicht, diesen Besitz zu mehren und eine größere Anzahl von Schülern um sich zu versammeln, die ihm ein gutes Auskommen gesichert hätten. Auch die Aussicht auf die Stelle eines Deutschlehrers in Oxford zerschlug sich. Doch dank seiner Freundschaft mit Friedrich Max Müller, der die erste Professur für Religionswissenschaft in

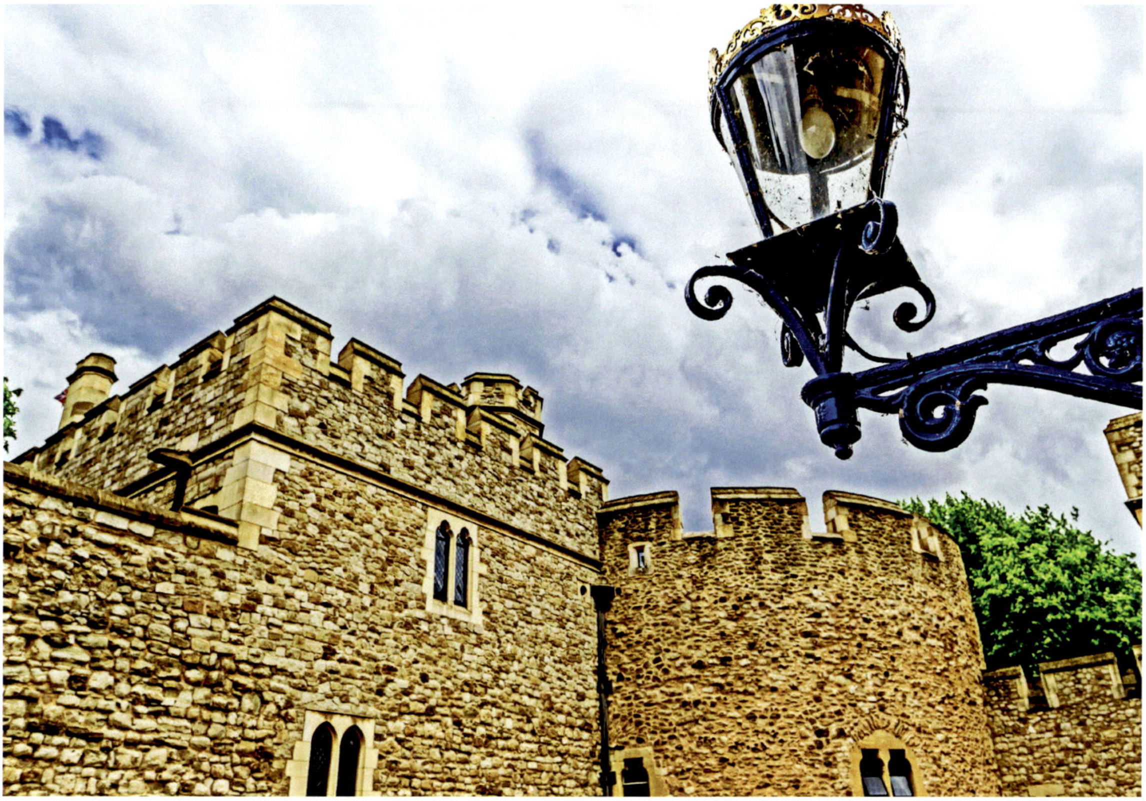

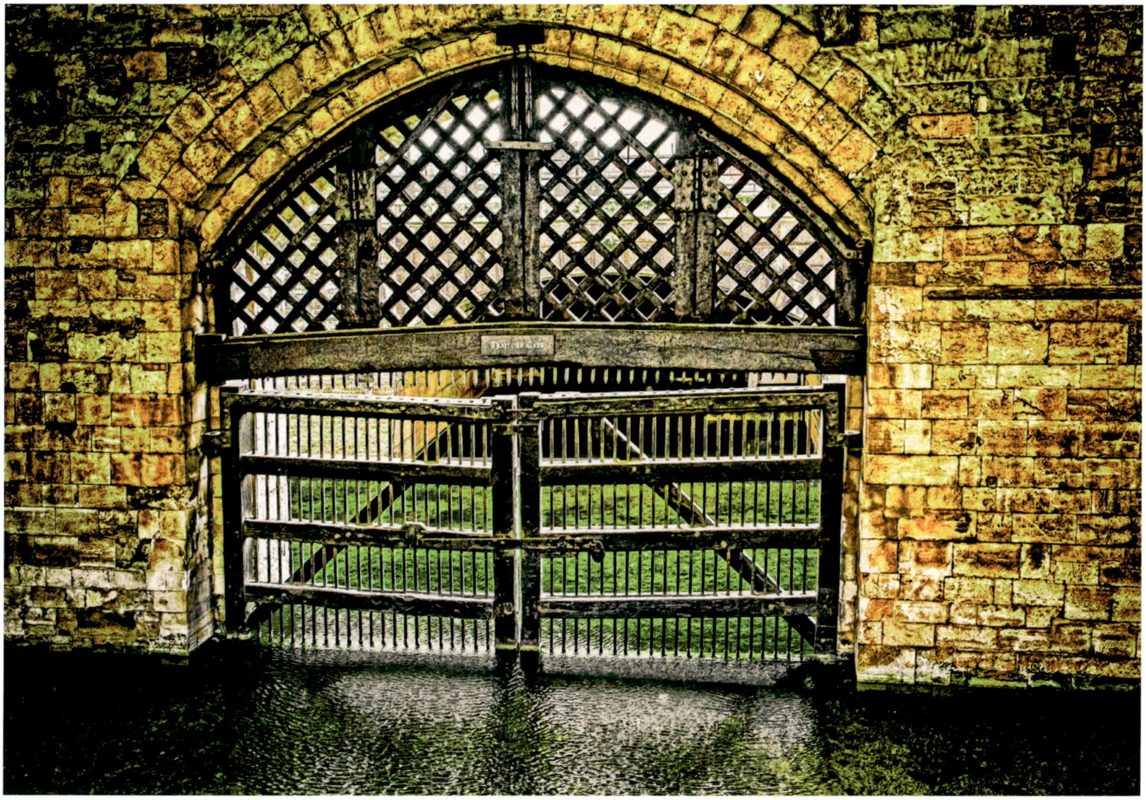

Abb. S. 31 oben:
Oxford – Fellows'
Garden des Balliol
College;
unten:
Blick über Oxford
von St Mary

Oxford innehatte, kam Fontane mehrfach in die Stadt an der Isis und gewann so Einblick in das Studienwesen der drittältesten Universität in Europa.

Die Besuche beim professoralen Freund bescherten Fontane nicht nur delikate Mahlzeiten als Trost für den empfindlichen Dichtermagen, sondern auch gute Gespräche als Trost für die kommunikationsbedürftige Dichterseele. Die Oxforder Erlebnisse wird Fontane später zu Vorträgen in Berlin verarbeiten und sich damit in der Öffentlichkeit zunehmend als Experte für England und Englisches etablieren. Er flaniert durch die Stadt, sieht im Straßenbild den Unterschied zwischen bürgerlich-städtischem und universitärem Leben (*town* und *gown*), besichtigt einige Colleges und lässt das akademische Leben auf sich wirken. Der Schriftsteller, der als Zehnjähriger – so in einem Brief an Theodor Storm – Professor für Geschichte werden wollte, genießt die kontemplative Atmosphäre im Garten des Exeter College, der nur den Fellows offensteht. Er träumt davon, welche Werke hier geschaffen, welche Ideen hier entwickelt werden können in dieser hortikultürlichen Stille, die ihn an eine klösterliche Existenz erinnert. Professor Müller allerdings erledigt den Traum seines Freundes, indem er darauf verweist, dass im *Fellows' Garden* nicht tiefsinnig gedacht, sondern nur die *Times* beim Nachmittagstee gelesen würde. Vielleicht aber hat er Fontane gerade in diesen Garten geführt, weil er während seiner Arbeit in der *Bodleian Library* immer den Blick in dieses Grün genoss, wie er in seiner Autobiografie schreibt.

Am Ende seiner Betrachtungen zieht Fontane einen Vergleich zwischen deutschen Universitäten und den besonderen Hochschulen von Oxford und Cambridge, und wiewohl er sonst fast immer englischen Institutionen und englischer Lebensweise den Vorrang einräumt, entscheidet er sich dieses Mal für die deutschen Lehranstalten. Fontanes wesentliches Argument zeigt die Bedeutung, die »Freiheitlichkeit« für ihn hat: Die deutschen Universitäten nämlich sind nicht bloß »Pflanzstätten des Wissens, sie sind vor allem hohe Schulen des Mutes, des Sinnes für Unabhängigkeit und des Gefühles für Freiheit.« Was in Deutschland die Universitäten leisten – und nur diese –, wird in England durch den gesamten, teilweise aristokratischen Lebenszuschnitt und die damit verbundene Erziehung geleistet.

Die Tage in Oxford genießt Fontane, und er will noch ein wenig die Umgebung erkunden. Was läge daher – im wahrsten Sinne des Wortes – näher,

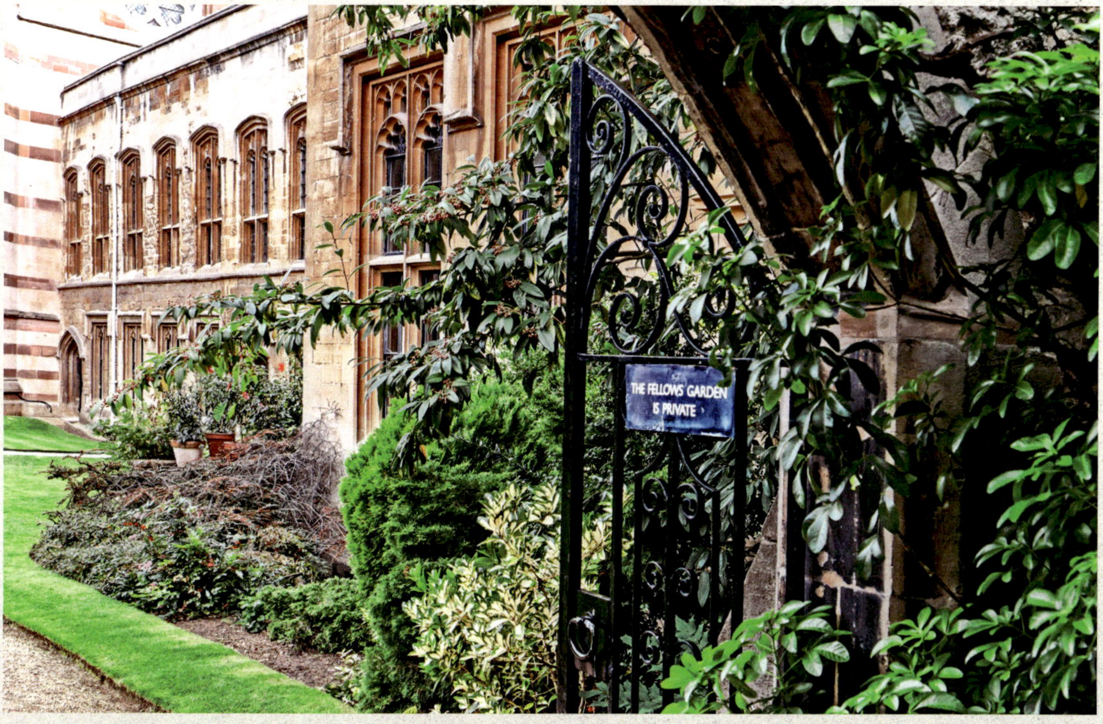
THE FELLOWS' GARDEN
IS PRIVATE

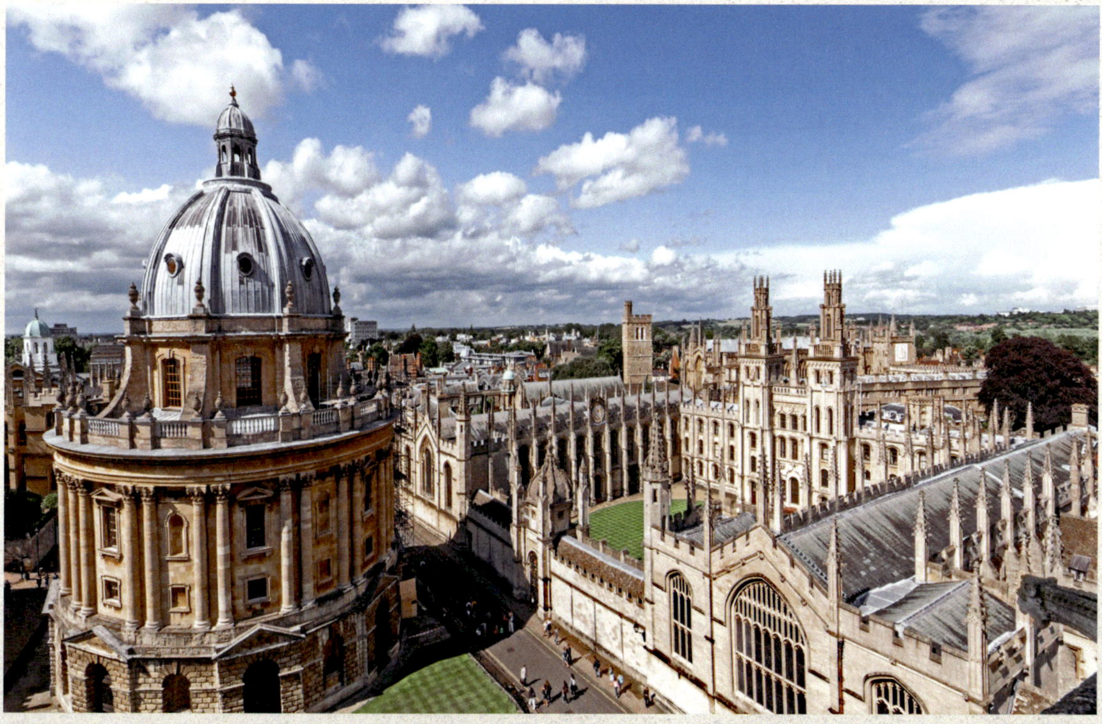

als von Oxford aus nach Stratford-upon-Avon zu reisen, um endlich die Welt des Heroen seiner literarischen Leidenschaft kennenzulernen. Und so nutzt Fontane die Gelegenheit, über Warwick nach Stratford zu reisen. Hierzu steht im Tagebuch lediglich (13. August 1856, von Emilie nach Vorlage notiert): »Hübsches Städtchen. Zwei Kirchen. Besuch in der Kirche. In Shakespeare's Haus. Shakespeare's Hôtel.« Und Charlecote, das repräsentative Manor House der Lucys, besucht er auch, da es eine Verbindung zu Shakespeare gibt, der hier angeblich beim Wildern ertappt worden wäre. Wieder zurück in London, schreibt er seiner Frau auf einem Briefbogen mit der Abbildung vom Hause des Dramatikers, aber er berichtet nichts Wesentliches von seinen Reiseeindrücken, sondern nur davon, dass alles mal wieder zu teuer war.

1864 aber hält Fontane in der Dichtervereinigung »Tunnel über der Spree« eine Rede zum Shakespeare-Fest, und da bei diesem Anlass vor allem »Äußerliches und Lokales« statt »innerlich-geistiger Betrachtung« gefragt ist, kann er auf Erfahrungen seiner Reise nach Stratford zurückgreifen. In dieser Rede präsentiert er sich dem Publikum als eine Art Cicerone durchs *Shakespeare Country*, der den Dramatiker weniger in seinen Werken als in seiner Lebenswelt zeigen will. Auch wenn Fontane in seinem Tagebuch nur kurz und knapp den Aufenthalt in Warwickshire resümierte – in seinem Vortrag wird deutlich, dass er dem Reiz des *merry old England* erlegen ist, selbst wenn dieses nicht gänzlich mit dem Kolossaleindruck Londons konkurrieren kann. Aber für Fontane ist von Bedeutung, dass er sich an einer Pilgerstätte der gebildeten Welt befindet, und an einer solchen fragt man nicht nach der verifizierbaren Realität des Geburtshauses von Shakespeare, sondern nimmt den Glauben als das Bestimmende. Und auf dem Weg zu Shakespeares Grab in der *Holy Trinity Church* lässt sich Fontane von der Stimmung auf dem Friedhof an der Kirche verzaubern.

Sehr viel sachlicher, wenn auch nicht weniger lebhaft widmet Fontane sich den Londoner Aufführungen von Shakespeares Dramen, wobei er voller Sympathie dem englischen Theater zuneigt. In seinen kritischen Texten versucht er, den Unterschied zwischen dem Theater in Berlin und dem in London zu zeigen, wobei er diese Tätigkeit gewissermaßen als »Training« für seine spätere Kritikertätigkeit bei der *Vossischen Zeitung* nutzen kann, ohne allerdings diesen Karrieresprung schon zu ahnen. Fontane geht es bei

seiner Darstellung des englischen (d. h. des Londoner) Theaters darum, durch einen Vergleich mit den Aufführungen der Berliner Bühnen zu zeigen, dass deren Hochmut völlig fehl am Platze sei. Vor allem kritisiert er, dass man in Berlin ernsthaft meine, Shakespeare besser zu inszenieren als die Briten. Das sei nichts anderes als die übliche Beurteilung der englischen Küche, »deren ganzer Fehler darin besteht, dass sie anders kocht, als wir zu essen gewohnt sind«. (Für einen Preußen, der immer über die Gleichförmigkeit englischer Mahlzeiten jammert, eine bemerkenswerte Aussage!) Sehr viel wichtiger ist aber seine Feststellung, dass Shakespeare auf englischen Bühnen als volkstümlicher Autor gelte, dessen Stücke interessant inszeniert würden und dessen Publikum aus allen Schichten der Bevölkerung komme. Deutlicher kann der Kontrast zum »deutschen Shakespeare« der »Hochkultur« kaum beschrieben und der Wert Londoner Theatererfahrungen für Fontane kaum gezeigt werden.

Ein gravierendes Problem aber begleitet Fontane in all den Jahren in England und auch noch lange Zeit danach in Berlin: die nicht hinreichenden Finanzen. In London zeigt sich dieser unerfreuliche Umstand in Äußerlichkeiten, die auch Fontanes berufliche Sphäre tangieren. »Alle Welt weiß, dass England das Land der feinen gesellschaftlichen Erscheinung ist«, schreibt Theodor Fontane 1856 aus London einem Freund, dem er von seiner prekären wirtschaftlichen Situation berichtet. Diese verhindere nämlich, dass der preußische Journalist Fontane in der britischen Metropole seinen vom Dienstherrn erwarteten gesellschaftlichen Verpflichtungen nachkommen könne, die eine elegante und deshalb teure Kleidung verlangten. Verantwortlich dafür ist der Dienstherr, der preußische Staat, dass sein miserabel bezahlter Untertan nicht angemessen in Londoner Gesellschaftskreisen zu repräsentieren vermag. Derartige Äußerlichkeiten spielen eine nicht unbeträchtliche Rolle und nagen am Selbstbewusstsein des preußischen Pressevertreters, der sehr wohl um das Diktum weiß, dass Kleider Leute und damit gesellschaftliche Akzeptanz machen. Allerdings verfügt Fontane über einen bemerkenswerten Pelz, der ihm – wie er meint und Emilie im November 1855 schreibt – zu beträchtlichem Aufsehen verhilft. Damit scheint er als »foreigner with the fur« derart Furore zu machen, dass man ihn für einen russischen Offizier halten könne, dem ein Kutscher nachruft: »Who is your tailor?« Doch da dieser Mantel nur auf der Straße Eindruck hervorrufen kann, hilft er Fontanes Ansehen auf Gesellschaften kaum weiter.

Zu Fontanes Sehnsuchtsorten gehörte auch die schottische Hauptstadt Edinburgh, und da er von Kindheit an den Romancier Walter Scott verehrte, hoffte er immer, nach Schottland reisen zu können. Doch viele Jahre war es ihm aus Geldmangel nicht möglich, diesen Wunsch zu verwirklichen. Erst gegen Ende seines dritten Aufenthalts auf der Insel heißt es 1858: »Nach Schottland also!« Mit diesem erwartungsvoll-freudigen Ausruf beginnt der Reisebericht *Jenseit des Tweed. Bilder und Briefe aus Schottland.* Er erschien 1860 als Buchausgabe, ohne jedoch zunächst den erhofften Erfolg zu haben. Während Fontane die Exkursion zu Shakespeare relativ nüchtern abhandelt, gerät ihm die Beschreibung der Schottlandreise nicht nur als eine Art literarisierte Wallfahrt zu Walter Scott, sondern sie ist auch eine historische Wanderung auf den Spuren der ihn faszinierenden Maria Stuart und zu deren Lebensorten. Deshalb ist es nicht unproblematisch, *Jenseit des Tweed* einem heutigen Schottlandtouristen als Reiseführer zu empfehlen, und das nicht nur, weil sich seither in den meisten Städten und auch in der Natur Veränderungen vollzogen haben.

> *Erst gegen Ende seines dritten Aufenthalts auf der Insel heißt es 1858: »Nach Schottland also!«*

In einem Brief an seine Freundin Mathilde von Rohr schreibt Fontane 1888, seine Schottlandreise sei eine der schönsten in seinem Leben gewesen, auf alle Fälle die poetischste. Insofern wäre das Buch vornehmlich jenen Menschen anzuraten, deren Lieblingsautor Scott und deren Herzenskönigin Maria Stuart ist und die in historisch-poetischem Geiste reisen. Ein Ratschlag Fontanes für sinnvolle Fahrten allerdings kann heute noch gelten und insofern ist das Buch aktuell! Der Autor wendet sich gegen vorgeplanten Tourismus, bei dem der Reisende sich wie ein Gepäckstück dem Unternehmer überlässt. Damit bringe sich der Mensch »um den vielleicht höchsten Reiz des Reisens, um den Reiz, das Besondere, das Verborgene, das Unalltägliche gesehen zu haben. Eine

kleine Schönheit, die wir für uns selber haben, ist uns lieber, wie die große und allgemeine«. Ein klares Votum für Individual- statt Pauschaltourismus, das Reisende auf Fontanes Spuren sicher beherzigen. Allerdings sollten sie sich mehr Zeit gönnen als Fontane und Lepel, denn die Reise der beiden Freunde – viele Besichtigungspunkte, langsame Verkehrsmittel, knappe Zeit – dürfte keine Erholung gewesen sein. Deshalb ist es verständlich, wenn Lepel drei Wochen nach seiner Rückkehr an Fontane schreibt, er wäre gerne länger in England geblieben, »aber ich werde in meinem Leben nie mehr so jagen. Entweder mit Muße oder gar nicht.« Wer diese Reise »nachreisen« möchte, wird trotz völlig veränderter Straßen- und Verkehrsverhältnisse merken, wie anstrengend und aufwendig die Unternehmungen Fontanes gewesen sein dürften.

Abb. S. 36 oben:
Princes Street
Edinburgh;
unten:
Die »Queen of
Scots« überquert
den Tweed

»*Once visited, its landscape stays in the hearts and minds of all who come here. It is the essence of Scotland.*«

Das Programm der beiden Freunde, im Wesentlichen von Fontane entworfen, führte sie auf einer Rundreise durch Schottland: Von Edinburgh ging es über Linlithgow, Stirling, die Trossachs, Kinross und Loch Leven, Perth, Inverness, Oban (mitsamt den Inseln Iona und Staffa) und Glasgow zurück nach Edinburgh; zum Schluss wurden noch Abbotsford und Melrose Abbey, die Zisterzienserabtei, besichtigt, bedeutende Scott-Gedenkstätten. Beide einsam gelegenen Orte sind heute Anziehungspunkte für alle Reisenden, die jenem Autor nahekommen wollen, der Schottland auf die literarische Landkarte gesetzt hat. Der Scott-Verehrer Fontane hat das Gedicht des Schotten über Melrose Abbey nachdichtend übersetzt:

»Und willst du des Zaubers sicher sein,
So besuche Melros' bei Mondenschein;
Die goldne Sonne, des Tages Licht,
Sie passen zu seinen Trümmern nicht.«

In dem entsprechenden Kapitel in *Jenseit des Tweed* verweist er jedoch darauf, dass man die Besichtigung auch bei Tage vornehmen könne – was heutzu-

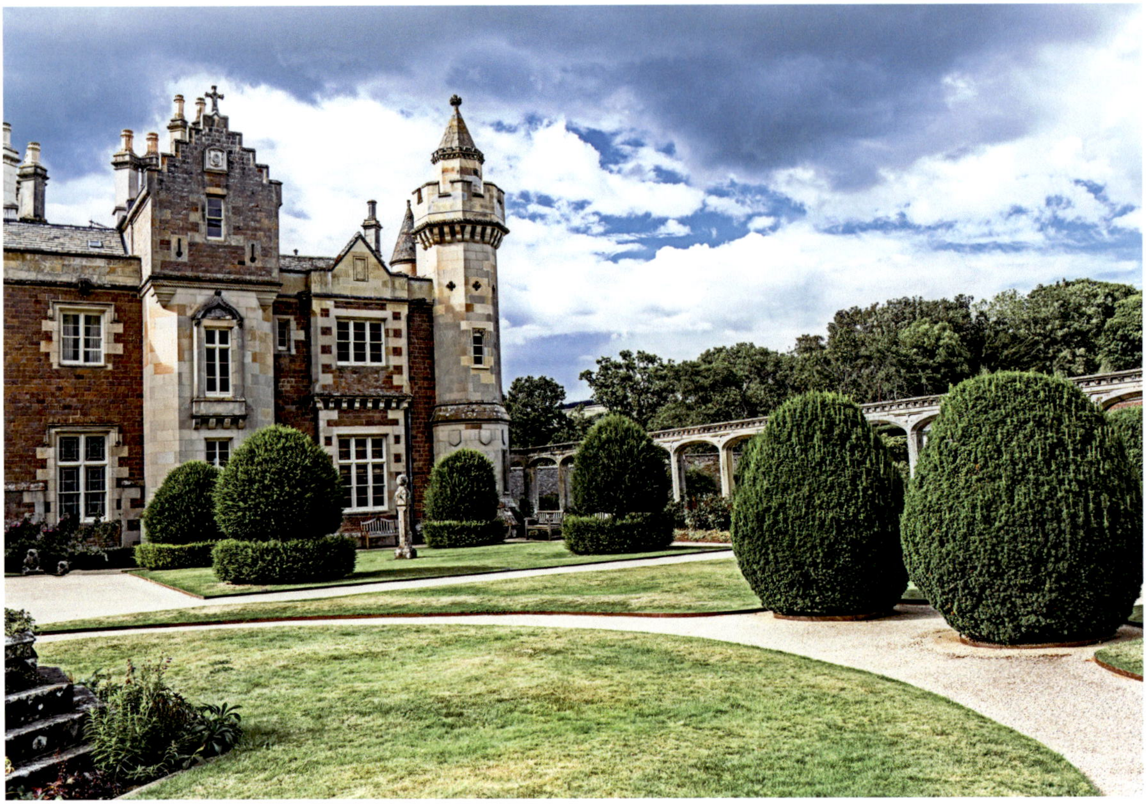

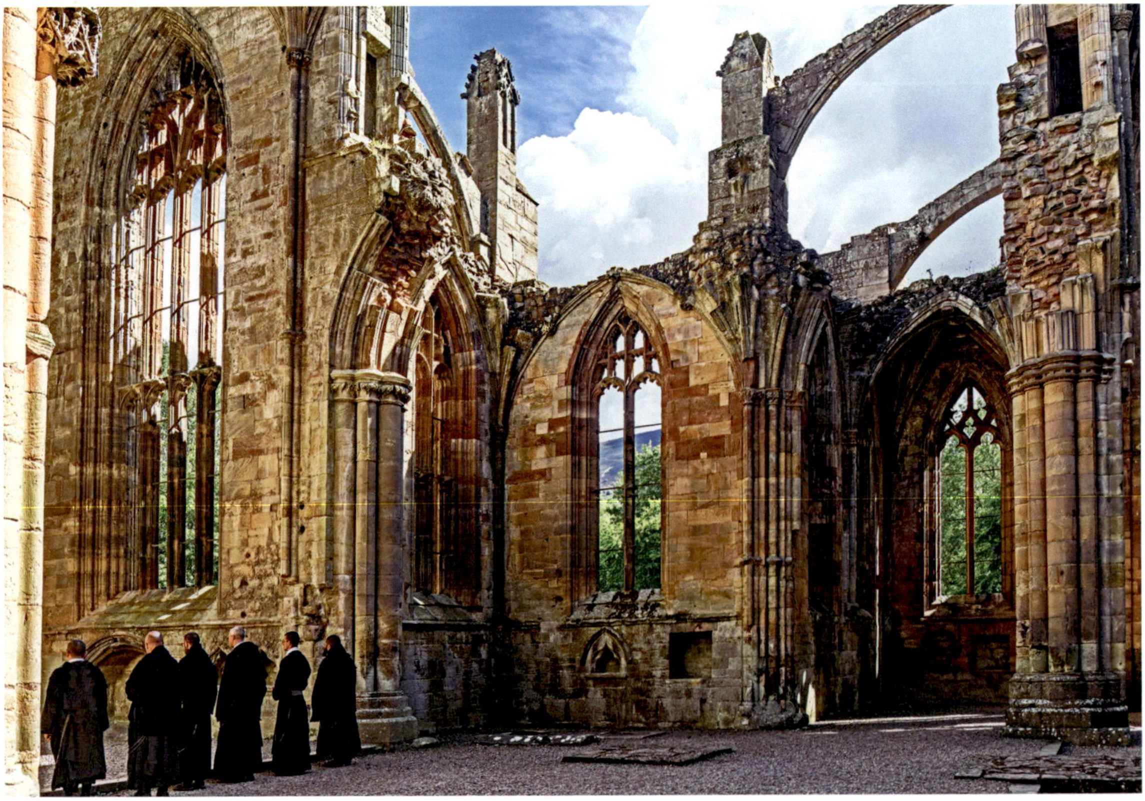

tage anders gar nicht möglich ist. Doch auch bei Tageslicht ist die Ruine sehr eindrucksvoll. Wer es pompöser haben möchte, besucht das Scott-Monument in Edinburgh, das angeblich zweitgrößte einem Dichter gewidmete Denkmal weltweit. Die Tour nach Abbotsford, dem großen Herrenhaus von Scott, der es seine »Romanze in Stein und Mörtel« nannte, bezeichnet Fontane selbst als »Pilgerfahrt«, auf der er versucht habe, der Lebenswelt des bewunderten Dichters näherzukommen. So kurz die Reise auch war, so intensiv empfand sie Fontane, und so sehr er England schätzte, so viel mehr nahm er Anteil am Schicksal Schottlands, das in den kriegerischen Auseinandersetzungen mit dem Nachbarn im Süden trotz aller Heldenhaftigkeit der Verlierer war.

Zwar ist er auch ein aufmerksamer Betrachter der Landschaft, doch diese erregt wie so häufig nur dann sein intensiveres Interesse, wenn sie historische Bezüge aufweist. Selbst eine nichtssagende Gegend gewinnt für Fontane an Attraktivität, wenn dort Krieger aufeinander einschlugen, Könige ermordet oder Königskinder entführt wurden. Deshalb sind Linlithgow samt Schlossruine, Geburtsort von Maria Stuart, und Loch Leven samt Schlossruine, Kerkerort der Königin, für ihn besonders denkwürdig und besonders romantisch. Und was Walter Scott betrifft, so wird die Beschreibung des Autors umso begeisterter, je stärker die besuchten Orte mit dem Schotten und dessen Werken verbunden sind. Sehr deutlich wird das bei Fontanes geradezu enthusiastischen Schilderung der Trossachs, einer Wald- und Seenlandschaft westlich von Stirling, deren poetisches Gewässer Loch Katrine von Scott in dem erzählenden Gedicht »Lady of the Lake« 1810 verewigt wurde. Der heutige Besucher sieht vor allem viel Wald sowie das alte Dampfschiff »Sir Walter Scott«, mit dem er wie einst Fontane über den See fahren kann. Und auf einer großen Tafel liest er einen Satz, der auch auf die schottischen Erlebnisse des Wanderers Anwendung finden könnte: »Once visited, its landscape stays in the hearts and minds of all who come here. It is the essence of Scotland.«

Aufschlussreich für Fontanes Erleben der europäischen Welt ist sein Gebundensein an die märkische Region bzw. an Berlin, das als mehr oder minder expliziter Subtext fast immer mitgedacht werden muss, und das er durch entsprechende, manchmal kuriose Vergleiche deutlich macht. So erinnert ihn die Struktur von Culloden an den »Großen Stern« in Berlin, der kleine Ort Bridge of Allan an ein dörfliches Charlottenburg und der River Forth an die Havel, um

Abb. S. 40:
Windsor Castle
mit der Statue
von Königin
Viktoria;
Abb. S. 41:
Hampton Court

nur einige Beispiele zu nennen. Bei ihm allerdings hat die Schottlandreise – so eine spätere Aussage von ihm – noch eine wesentlich intensivere und nachhaltigere Wirkung. Im Vorwort zur 1. Auflage der *Wanderungen durch die Mark Brandenburg* schreibt Fontane, wie Schottland und Loch Leven Castle ihn in der Fantasie nach Schloss Rheinsberg und in die Mark versetzten. Von Edinburgh aus fährt er mit der Eisenbahn nach Kinross und steigt im »Salutation Inn« auf der High Street ab – noch heute existierend und etwa dreihundert Jahre alt. Der Besuch dort, die Bootsfahrt über den Loch Leven und die Besichtigung des gleichnamigen Schlosses ließen ihn darüber nachdenken, ob nicht die Orte und Schlösser der Mark eine ähnliche Würdigung verdienten. In seinem Buch über die Schottlandreise lässt er Schloss Rheinsberg mystisch aus dem schottischen See aufsteigen und in seiner Fantasie Wirkung entfalten. Inwieweit Kinross direkt nach Rheinsberg führt, mag dahingestellt sein, doch ein knappes Jahr nach dem schottischen »Erweckungserlebnis« begann Fontane, durch die Mark zu wandern und hörte lange nicht damit auf.

Von allen europäischen Ländern, die Fontane bereiste, dürfte Großbritannien die stärksten Spuren in seinem Werk hinterlassen haben, und das meint nicht nur die explizit der britischen Insel gewidmeten Bücher. Zwar hat er über Frankreich – kriegsbedingt – etliche tausend Seiten geschrieben, und auch über Dänemark und die k.u.k. Monarchie gibt es aus demselben Grund »Extra-Bücher« von ihm, doch vor allem die britische Insel hat mit Themen, Personen und Motiven in den Romanen Akzente gesetzt. Und nicht selten entsprechen diese eigenen Erfahrungen und Vorlieben Fontanes. Robert von Gordon-Leslie (*Cécile*) mit familiären Beziehungen nach Schottland rühmt die Delikatesse der Lachsforellen aus dem Kinross-See und vergisst dabei auch nicht, Maria Stuart und ihr Schloss zu erwähnen. Im Hause des Kommerzienrates Treibel (*Frau Jenny Treibel*) legt man Wert auf englische Kindererziehung – steife Wäsche inklusive – und hat einen Gast von der Insel eingeladen, der Nelson heißt, aber nicht sonderlich kämpferisch ist.

Der »englischste« Roman Fontanes aber ist sein letzter: *Der Stechlin* zeigt anschaulich die Sympathie des Autors für England, für englische Kultur und

Abb. S. 43:
Blick vom Richmond Hill auf die
Themse

Geschichte. Für die Zeitgenossen, die *Ein Sommer in London* gelesen haben, und noch viel stärker für jene, die heute seine Tagebücher und Briefe kennen, wird deutlich, dass Fontane in dieses Werk seine Kenntnisse, seine Erfahrungen, seine Vorlieben und Abneigungen eingebracht hat. Der jugendliche Held Woldemar von Stechlin ist Offizier im Regiment »Königin von Großbritannien und Irland« und wird auf Mission nach London und – besonders wichtig – auch nach Windsor geschickt, dem Wohnsitz von Königin Viktoria. Für die Reise holt er sich touristische Anregungen beim Grafen Barby und dessen Töchtern, die lange in London lebten. Diese empfehlen ihm jene Sehenswürdigkeiten, die schon Fontane beeindruckten – vom »Verrätertor« im Tower bis zum General Post Office in St Martin's Le Grand , von Westminster Abbey zum Richmond Hill. Dem Vater, Dubslav von Stechlin, sind die Exkursionen seines Sohnes in die, wie ihm scheint, weite Welt nicht ganz geheuer, denn er ist in seiner engen Welt geborgen, der Mark und dem Stechlinsee. Allerdings ist dieser See auf mysteriöse Weise mit der Welt draußen verbunden, und insofern symbolisiert er Welt und Provinz gleichermaßen.

Da Fontane kurz vor Erscheinen des Romans starb, wird dieser häufig als eine Art Autobiografie von ihm und Dubslav von Stechlin als sein Alter Ego betrachtet. Wenn man aber überhaupt biografische Assoziationen bemühen will, dann ist Fontane in dem Roman in gewisser Weise zweifach vertreten. Der anglophile Graf Barby ist der europäischen Welt zugewandt, während Dubslav von Stechlin die märkische Region repräsentiert. Beiden gehört die Sympathie der Leser, aber auch die des Autors, der einige seiner englischen Erinnerungen und Vorlieben in die Gegenwart des Romans transponierte. Betrachtet man die lebenslange Liebe Fontanes zu England, so schließt sich am Ende seines Lebens und Schaffens der Kreis, und die europäische Dimension seiner Arbeit wird deutlich. Wenn man einen der häufig zitierten Sätze aus dem *Stechlin* nimmt, dann gilt dieser für Graf Barby, für Dubslav von Stechlin – und für Theodor Fontane: »[...] an der Themse wächst man sich anders aus als am ›Stechlin‹«. Fontane wuchs sich an der Themse aus zu einem weltläufigen Autor, und dieses »Auswachsen« wird später seine märkischen Wurzeln dominieren.

Kapitel 2

Prinz Hamlet, Gorm Grymme und ein Krieg

*oder Zwischen Nord- und Ostsee –
Fontane und Dänemark*

Wenn man's nur erwarten kann, so geht einem zuletzt doch alles in Erfüllung – ich bin nun in Kopenhagen.« Mit dieser euphorischen Feststellung beginnt Fontane im Frühjahr 1865 eine Artikelserie in *Cottas Morgenblatt für gebildete Leser*. Er erinnert sich an seine Ankunft in der dänischen Hauptstadt im September 1864. War England das »Sehnsucht*sland*« von Theodor Fontane, so verklärt er Kopenhagen zu seiner »Sehnsucht*sstadt*« oder – wie er auch schreibt – zu seiner »Zauberstadt« neben Edinburgh und Stockholm. Nach Schweden wird er nie kommen, Edinburgh besuchte er mit seinem Freund Lepel als Höhepunkt seines Englandaufenthaltes, und Kopenhagen ist das besondere Erlebnis einer Reise, die Fontane als Autor erstmals auf den Spuren von kriegerischen Auseinandersetzungen unternimmt, die eine Folge preußischer, d. h. Bismarck'scher Politik sind. Schon 1850 wollte er Richtung Dänemark fahren, weil er – so später in seinen Erinnerungen *Von Zwanzig bis Dreißig* – mit seinem Leben trotz Verlobtsein nichts Rechtes anzufangen wusste. Er wollte nach der desaströsen Schlacht bei Idstedt (Sieg der Dänen 1850 über die Deutschen nördlich von Schleswig) in die schleswig-holsteinische Armee eintreten, denn »für Schleswig-Holstein war ich vom ersten Augenblick Feuer und Flamme gewesen«. Aber er kam nur bis Altona, damals noch dänisch, als ihn ein Stellenangebot nach Berlin zurückrief und er endlich heiraten konnte.

Fontanes patriotisches Interesse an Schleswig-Holstein aber blieb, und bereits während seiner Zeit als Korrespondent in England beschäftigte er sich mit dem deutsch-dänischen Konflikt, dessen Ursache die Frage der nationalen Zugehörigkeit des Herzogtums Schleswig war. Die Problematik dieses Geschehens macht ein Ausspruch deutlich, der angeblich von dem britischen Politiker Palmerston stammt und den ein britischer Historiker in seiner Bismarck-Biografie zitiert. Palmerston habe gesagt, nur drei Personen in Europa wüssten über die schleswig-holsteinische Frage Bescheid: »der Prince Consort [i. e. Prinz Albert], und der ist tot, ein deutscher Professor, der in einer Irrenanstalt lebt, und er selbst – doch er habe es vergessen.« Indessen klärt dieses Bonmot das Problem nicht, welches sich nach der Thronbesteigung von Christian IX. 1863 zuspitzte, als dieser eine neue Verfassung unterschrieb, in der das Herzogtum Schleswig stärker an Dänemark gebunden werden sollte. Interessant ist in diesem Zusammenhang, dass ein dänischer Historiker 2010 einen Brief König Christians an den preußischen König Wilhelm I. fand, in dem jener die Aufnahme Dänemarks in den Deutschen Bund vorschlug. Damit wollte er die Einheit seines Reiches sichern und einen Krieg vermeiden – der preußische Ministerpräsident Bismarck aber lehnte ab, da er andere Pläne verfolgte.

Preußen und Österreich verlangten nun eine Zurücknahme dieser Verfassung, und als der König die Forderung nicht erfüllte, überschritten die Heere beider Staaten am 1. Februar 1864 die Eider und marschierten in das Herzogtum ein. Dänemark glaubte sich gut gerüstet, denn die Verteidigungsanlagen am Danewerk und die Schanzen bei Düppel (dän. Dybbøl skanser) im Süden Jütlands sollten dem Ansturm der feindlichen Heere gewachsen sein. Doch der dänische Oberkommandierende de Meza ließ das Danewerk sicherheitshalber räumen und den Rückzug befehlen, um das Heer vor einer möglichen Vernichtung zu bewahren. Die hart umkämpften Düppeler Schanzen wurden Mitte April von den Preußen erobert. Zwar war der Krieg damit noch nicht beendet – dies geschah erst am 30. Oktober mit dem Vertrag von Wien –, doch Friedensverhandlungen hatten bereits begonnen, und ein Waffenstillstand war ausgehandelt. Deshalb konnte schon Mitte Mai Theodor Fontane mit einem Redaktionskollegen von der *Kreuzzeitung* in den Norden aufbrechen, um sich vom Kriegsgeschehen ein eigenes Bild zu machen.

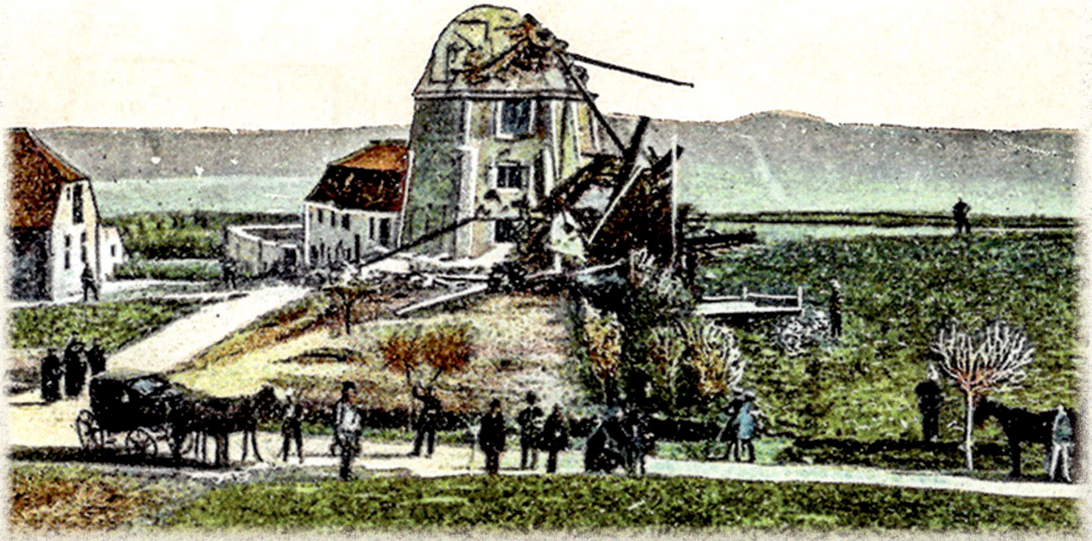

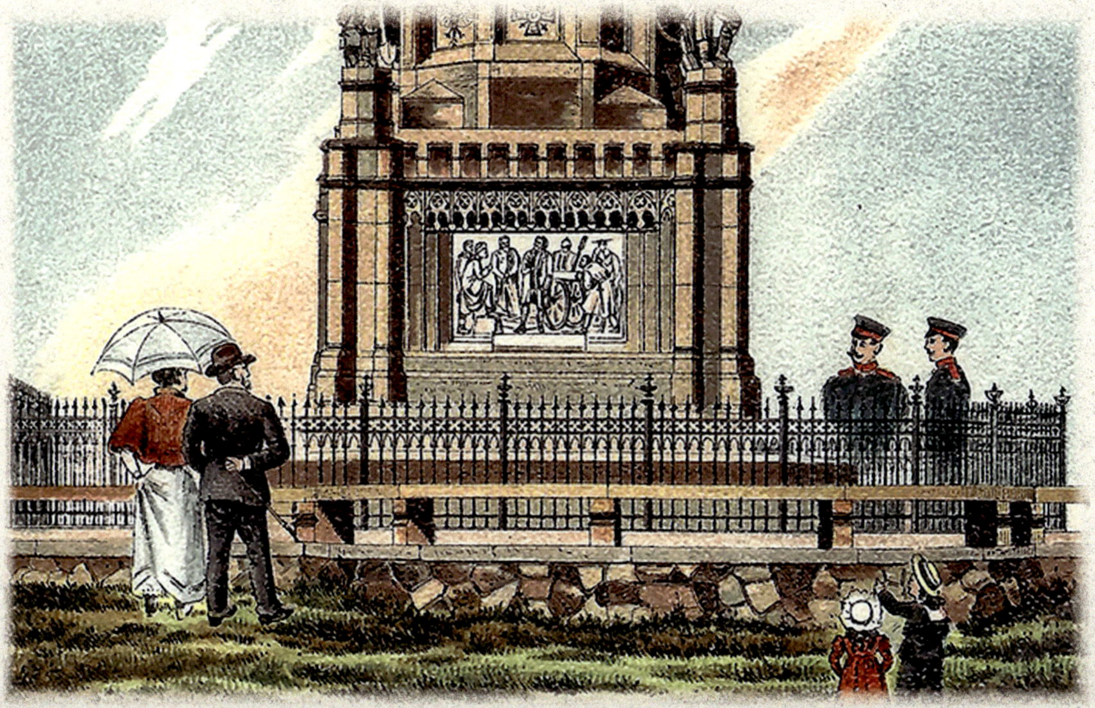

Abb. S. 49:
Schloss Graven-
stein

Die Reise folgt den Spuren der siegreichen Heere, wobei sich der heutige Leser immer vergegenwärtigen muss, dass Orte wie Schleswig, Flensburg oder auch Husum, die Heimatstadt von Theodor Storm, bis 1864 unter dänischer Herrschaft standen. Die beiden Journalisten reisen über Hamburg und Kiel in den Norden. Fast lassen die Notizen in Fontanes Tagebuch in den ersten Tagen an eine touristische Unternehmung denken, wenn nicht die Begegnungen mit den vielen Soldaten wären. Hamburg ist »immer wieder schön und lachend« und dazwischen »Hannöversche Jäger«. Kiel hat ein unschönes Schloss, und die Stadt ist »voll von Militair« und die »ganze Jugend spielt Soldat«. Dann nach Schleswig. »Die Lage ist hübsch und ziemlich malerisch«, und das »Schloss Gottorp« ist ein »stattlicher Bau, aber ohne alle Schönheit«. Allerdings übersieht Fontane dabei, dass Gottorf (so der deutsche Name) von den Dänen zu einer Kaserne bzw. zu einem Lazarett umgebaut wurde, und als solches dient es nun den Österreichern. Die haben sich obendrein zu ihrer Rekreation im Kellergewölbe eine Gaststube eingerichtet. Künstlerische Schönheit wird von Fontane erst im Schleswiger Dom dem Holzschnitzaltar von Brüggemann zugestanden.

»Etwas unheimlich Mährchenhaftes ist um diese weißen sonnenbeschienenen Wände her, daß man denken möchte, hier sehen Gespenster zu Mittag aus allen Fenstern heraus.«

Doch nicht nur Gottorf verfällt einem Verdikt Fontanes. In dem Kriegsbuch urteilt er über Schloss Gravenstein (dän. Gråsten Slot), der preußischen »Kommandozentrale« während des Kampfes auf dem Sundewitt (dän. Sundeved), dass diesem Leben fehle wie nahezu allen Schlösser Dänemarks. »Sie sind öde; etwas unheimlich Mährchenhaftes ist um diese weißen sonnenbeschienenen Wände her, daß man denken möchte, hier sehen Gespenster zu Mittag aus allen Fenstern heraus. Und doch wiederum fehlte ihnen der Spuk, so fehlte ihnen das Beste, das sie haben.« Abgesehen davon, dass Fontane generalisiert, ohne allzu viele dänische Schlösser zu kennen, so ist doch bemerkenswert, wie er

Abb. S. 51:
Museum an
den Düppeler
Schanzen

in einen Sachbericht Poetisches integriert – und sei es nur die Imagination von Schlossgespenstern. Heute steht zwar nicht das Schloss, wohl aber der zugehörige Park Besuchern offen, sofern nicht die königliche Familie ihre Sommerferien dort verbringt. Und wer sich in die frühere Zeit zurückversetzen möchte, geht in den alten Krug, den »Gamle Kro« schräg gegenüber dem Schloss an der Slotsgade, in dem sich schon die Soldaten 1864 gestärkt haben dürften.

Fontane macht noch einen Abstecher nach Missunde, wo mit dem Versuch einer Überquerung der Schlei die heftigen Kämpfe im Februar ihren Anfang nahmen. Im Fährkrug trifft Fontane auf ein dänisches Ehepaar, dem er das Kompliment macht, so gebildet zu sein, wie es manche Exzellenzen nicht wären. Und dieses Paar kommt wie nur wenige Dänen in den Genuss, von Fontane ein positives Urteil zu erhalten. Vor allem aber ist der »Hobby-Historiker« und »Sagen-Fan« an der schauerlichen Geschichte des Brudermordes interessiert, die erzählt, wie vor sechshundert Jahren der Schleswiger Herzog Abel seinen Bruder, den dänischen König Erich, umbrachte und in der Schlei versenkte. In seinem Kriegsbuch kommt Fontane auf diese blutige Geschichte zurück, und beim Besuch des Schleswiger Domes lässt er sich die Erinnerungsstücke an den König aus dem »Reliquienschrein« holen.

Von Schleswig geht es über Flensburg nach Düppel, und auch wenn nicht mehr geschossen wird, so sind hier der Krieg und seine Folgen noch sehr präsent. Fontane besichtigt das Schlachtfeld, sieht in die dänischen und preußischen Gräben, schaut hinüber zur Insel Alsen (dän. Als) und ist bemüht, das Kampfgeschehen nachzuvollziehen. Bei diesem »Besichtigungsgang« entdeckt er überall noch die Spuren des Krieges, die Hinterlassenschaften der Soldaten, was er entsprechend beeindruckt in seinem Tagebuch notiert. »In den Parallelen fand ich: Tornister, Patronentasche, Wehrgehenk [...], Kommißbrot, Stiefel, Helmreste [...] Granatsplitter und Kugeln.« Die zerstörten Stellungen, die zahllosen Überreste des tödlichen Geschehens machen deutlich, wie hart gekämpft wurde. Allerdings bemerkt Fontane nur das, was vom Kriege materiell übrigbleibt, und nicht das tatsächliche Grauen, das die Soldaten durchstehen mussten: das infernalische Trommelfeuer der Granaten, der Anblick der Verletzten und Toten, der Geruch von Blut, Tod und Verderben.

Ein dänischer Historiker beschreibt einhundertfünfzig Jahre später das vor allem für die Dänen geradezu traumatische Geschehen unter dem bezeich-

nenden Titel »Schlachtbank Düppel«, wobei er zugleich mit dem (Vor-)Urteil aufräumt, die Dänen hätten die kriegerische Auseinandersetzung für sich entscheiden können. Dazu seien jedoch Planung und Vorbereitung unzureichend gewesen, und vor allem habe man die militärische Stärke der Preußen falsch eingeschätzt. Die Eroberung der Düppeler Schanzen durch preußisches Militär entschied den Krieg, auch wenn es bis zum Waffenstillstand noch dauerte: sie war die erste große Schlacht der drei »Einigungskriege«. Deshalb ist es nicht erstaunlich, dass Fontane die Beschreibung dieses Gefechtes an prominenter Stelle vergleichsweise ausführlich in seinem Reisetagebuch schildert und später in den Mittelpunkt seiner Darstellung des Krieges setzen wird.

Diese erste Reise nach Dänemark könnte man unter militärischem Aspekt als eine Art »Rekognoszierung« bezeichnen, denn Fontane schaut sich vor allem jene Orte an, die in den Kämpfen von Südjütland von Bedeutung waren. Und anders als während der späteren Exkursionen für seine Kriegsbücher ist er auf dänischem Territorium unverkennbar als Patriot im »preußischen Bewusstsein« unterwegs. Davon zeugt auch das martialische Gedicht *Der Tag von Düppel*, in dem Fontane balladenhaft das preußische Heer bejubelt. In der letzten Strophe heißt es: »Und durch die Lande, drauß und daheim, Fliegt wieder hin ein süßer

Reim: ‚Die Preußen sind die alten noch, Du Tag von Düppel lebe hoch!'« Auch das obligate »Einzugsgedicht« (1864) feiert das Militär, und man hört förmlich Trommelwirbel und Marschmusik. Merkwürdigerweise scheint Fontane auch Theodor Storm, den er in Husum besucht hat, ein ähnliches Gedicht zugetraut, genauer: zugemutet zu haben, obwohl er dessen Vorbehalte gegen die Preußen kennen musste, die Schleswig-Holstein nicht wie erhofft in die Unabhängigkeit entließen, sondern die neuen Herrscher wurden. Storm antwortet im Dezember 1864 deshalb auch nur mit einem derben Fluch (»Hol Sie der Teufel!«), gratuliert Fontane aber zu dem Einzugslied, allerdings mit der spitzen Bemerkung, aus jeder Strophe würde »der Zipfel der verfluchten Kreuzzeitung« heraushängen. Zwölf Monate danach jedoch ist Fontanes Gedicht »Am Jahrestag von Düppel« leiser und melancholischer, auch wenn es in der letzten Strophe heißt: »Ruht sanft; in eurem Grabe, Sei Euch die Erde leicht! [...] Ihr mußtet frühe sterben, Doch war es Sterbens werth.« Später wird Fontane gelassener und verständnisvoller über den jeweiligen Kriegsgegner schreiben, doch im Frühjahr 1864 scheint es, als sei er gefühlsmäßig stark involviert, stärker jedenfalls als bei den folgenden Kriegen.

Von Düppel fährt Fontane nach Broacker (dän. Broager), wo er die reizende Lage der Propstei – auch heute noch ein ansehnliches Haus – und die Kirche in Augenschein nimmt: »gothisch, alt, einfach, schön, sauber« und mit zwei Türmen – ungewöhnlich für dänische Gotteshäuser. Besonders bemerkenswert ist übrigens die farbenfrohe Kanzel mit interessanten Schnitzereien – und deutschen Inschriften. Der Kirche kam in der Schlacht eine wichtige Funktion als »Observatorium« zu, da hoch oben auf dem Turm ein preußischer Beobachter die »feindliche Stellung« im Auge hatte. Für den Historiker ist der Kirchhof interessant, auf dem viele Gefallene beerdigt sind. Dort wurde auch der Pionier Carl Klinke bestattet, dessen aufopferungsvoller Einsatz – jedenfalls nach Aussage einiger Zeugen – zum Durchbrechen der Schanzen verhalf. Hier liegen dänische wie preußische Soldaten nebeneinander, wenn auch die Gestaltung des Friedhofes die einzelnen Gräber mit Hecken umschließt und voneinander trennt, was anrührenderweise eine Art Geborgenheit im Tode zu vermitteln scheint.

Ein heutiger Besuch von Broacker und des Schlachtfeldes an den Düppeler Höhen ist ein Besuch in ländlicher Idylle – eine Erfahrung, die man auf vielen

Abb. S. 52: Kirche von Broacker

Kriegsschauplätzen machen kann, wenn im wahrsten Sinne des Wortes Gras zwar nicht über die Geschichte, wohl aber über den Ort historischer Ereignisse gewachsen ist. Nur zahlreiche Kreuze, Gedenktafeln und andere Memorabilien lassen erkennen, wo so viele Menschen, und noch dazu so jung, sterben mussten, und ein Museum zur Erinnerung und zur Mahnung gibt es auch. Etwas irritierend ist bei der Besichtigung der Anlage der simulierte »Geschützdonner«, der den Besuchern einen akustischen Eindruck von den Kämpfen vermitteln soll.

Im August 1882 wird Fontane an seine Frau schreiben, dass »er eigentlich erst bei dem 70er Kriegsbuche« zum Schriftsteller geworden sei. Doch bereits in dem Band über den Schleswig-Holsteinischen Krieg ist im Ansatz zu erkennen, dass Fontane nicht nur als »Berichterstatter« tätig ist, sondern auch als »Geschichtenerzähler«. Das zeigt sich zum einen in seiner Fähigkeit, aus einer Vielzahl von Überlieferungen ein stimmiges »Mosaik« zu schaffen, wie auch in seiner Neigung, in die sachliche Beschreibung von militärischen Aktionen kleine, spannungsfördernde Erzählungen einzufügen. So zum Beispiel, als Fontane den verwegenen, wenn auch unfreiwilligen Ritt eines Majors auf einem schnellen Pferd in die feindlichen Linien schildert, was dieser nur mit viel Glück unbeschadet übersteht. Ironischerweise berichteten hinterher die Sportzeitungen über dieses »Wettrennen«.

Von allen Ereignissen bzw. Personen, die Fontane beschreibt, sind es zwei, die ihm besonderen Eindruck gemacht haben müssen, denn sie bleiben in seiner Erinnerung bis zum letzten Roman, dem *Stechlin*. Zum einen ist es der junge Pionier Carl Klinke, der freiwillig mit einem Pulversack gegen eine der Düppeler Schanzen stürmte und dabei starb. Er hat ein großes Grab auf dem Friedhof von Broacker. Auch Fontane trug zur Verklärung in seinem »Düppel-

Gedicht« bei, in dem er Klinke (»Ich heiße Klinke, ich öffne das Tor!«) eine ganze Strophe widmet. Zum anderen ist es das Panzerschiff »Rolf Krake«, eine Art mysteriöses Monster, das vom Meer aus die Aktionen der Dänen unterstützen sollte, jedoch kaum eine wesentliche militärische, wohl aber eine psychologische Wirkung entfalten konnte.

In seinem letzten Roman erweckt Fontane sowohl Carl Klinke wie auch die »Rolf Krake« noch einmal zum literarischen Leben, wenn er den Schulzen Kluckhuhn die Bedeutung des Krieges 1864 heraufbeschwören lässt. Dieser Krieg sei der bedeutendste gewesen, weil er am Anfang stand, denn der Anfang sei nun mal das Schwierigste. Und der Pionier Klinke sei der eigentliche Held aller drei Kriege gewesen und habe nur einen Rivalen gehabt. »Dieser eine Rivale stand aber drüben auf Seite der Dänen und war überhaupt kein Mensch, sondern ein Schiff und hieß Rolf Krake.« Und dieses Schiff sei ein schwarzes Biest mit dem Aussehen eines Sarges gewesen, also unheimlich, gefährlich und einschüchternd. So hinterlassen die Impressionen von Düppel noch nach mehr als dreißig Jahren ihre Spuren in Fontanes Werk.

> *»Eine Meile südlich von Glücksburg, auf einer dicht an die See herantretenden Düne, lag das von der gräflich Holkschen Familie bewohnte Schloß Holkenäs [...].«*

Aber es ist nicht nur der Schleswig-Holsteinische Krieg, es sind nicht nur die historischen Ereignisse, die den Norden in Fontanes Schriften präsent werden lassen. Auf seiner zweiten Dänemarkreise im September 1864 beeindrucken ihn vor allem Landschaft, Architektur und Kunst, und manches davon findet sich in seinem späteren Werk. 1891 erscheint *Unwiederbringlich*, und das Buch beginnt so: »Eine Meile südlich von Glücksburg, auf einer dicht an die See herantretenden Düne, lag das von der gräflich Holkschen Familie bewohnte Schloß Holkenäs [...].« Wie fast immer bei Fontane stimmt der Romananfang auf die Lokalität der Handlung und damit auch auf die soziale Position der handelnden Personen ein.

56

56

Abb. S. 56 oben:
Kopenhagen
– Thorvaldsen
Museum;
unten:
Kopenhagen –
Tivoli

Seine Ankunft in Kopenhagen feiert Fontane fast überschwänglich, doch obwohl er versichert, dass die Wirklichkeit nicht hinter der Traumwelt zurückbleibt, findet sich in seinem »skandinavischen Buch« irritierend wenig eindeutig Positives. Immerhin ist Kopenhagen die Stadt seiner Sehnsucht, wie er immer wieder beteuert, doch es scheint ihm so zu gehen wie vielen Menschen am Ziel ihrer Wünsche: sie sind – irgendwie – enttäuscht. Fontane erläutert dies nach seinen speziellen Kategorien, und die heißen pure Schönheit vs. poetische Romantik. »Stellt man das Architektonische in den Vordergrund, so ist Kopenhagen ganz gewiß keine schöne Stadt«. Aber, und nur das zählt für Fontane wirklich, Kopenhagen ist pittoresk, ist poetisch interessant, und deshalb eine Stadt, die geliebt werden muss.

> »Kopenhagen gefällt mir auch, es ist eine bunte, muntre, malerische Stadt.«

An seine Frau schreibt er im September 1864 Freundlicheres: »Kopenhagen gefällt mir auch, es ist eine bunte, muntre, malerische Stadt.« Zumindest die Häuserreihe am Nyhavn, inzwischen ein Kneipenviertel, ist immer noch bunt und farbenfroh. Und auch der Besuch im Tivoli und in anderen Vergnügungsstätten mag vielleicht zu diesem Eindruck beigetragen haben, denn diese sind die Freude der Kopenhagener. Fontane genießt ebenfalls das Amüsement, wenn auch mit der Einschränkung, dass Derartiges eigentlich unter seinem Niveau sei. In *Effi Briest*, viele Jahre später, ist der Besuch des Tivoli ein Höhepunkt für Effi, der sie glauben lässt, sie könne die Bedrückungen ihres schlechten Gewissens nach dem Ehebruch hinter sich lassen. »Der Abend brachte, das Maß des Glücks voll zu machen, eine Vorstellung im Tivoli-Theater«[...] Effi war wie berauscht von den kleinen Schelmereien, und als sie spät am Abend nach ihrem Hotel zurückkehrten, sagte sie: ,Weißt du, Geert, nun fühl ich doch, daß ich allmählich wieder zu mir komme.'« Wenn man das Urteil Fontanes über diese Vergnügungen kennt, hat man indirekt auch eine Charakteristik der Romanheldin. Dann reist das Ehepaar Innstetten nach Jütland weiter an den Limfjord – genau wie der Autor 1864.

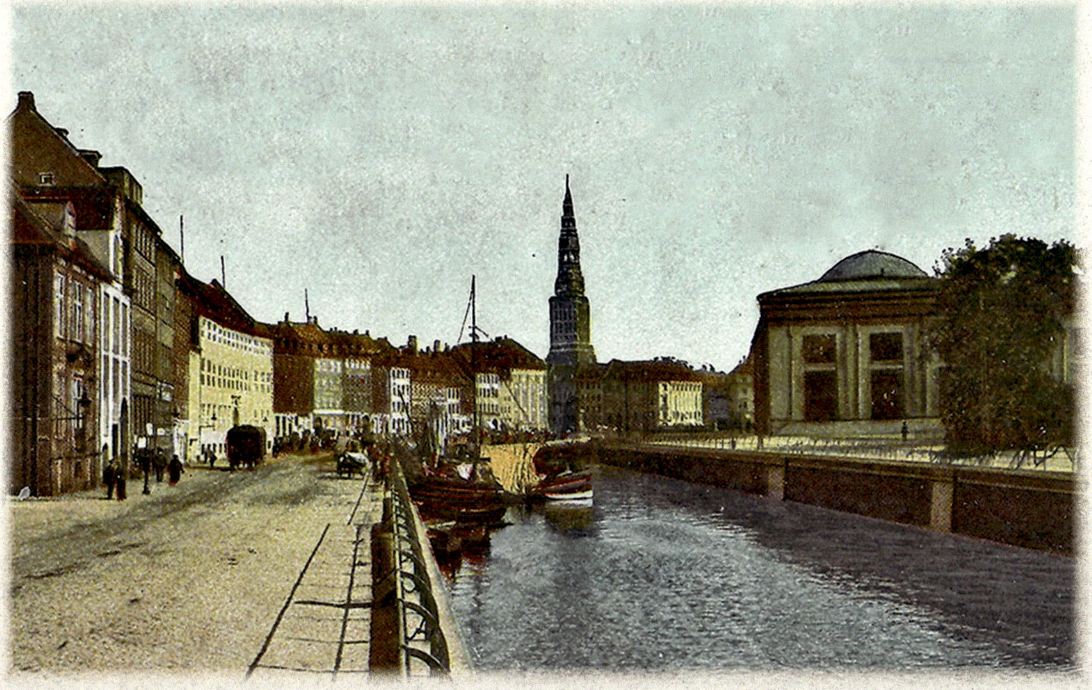

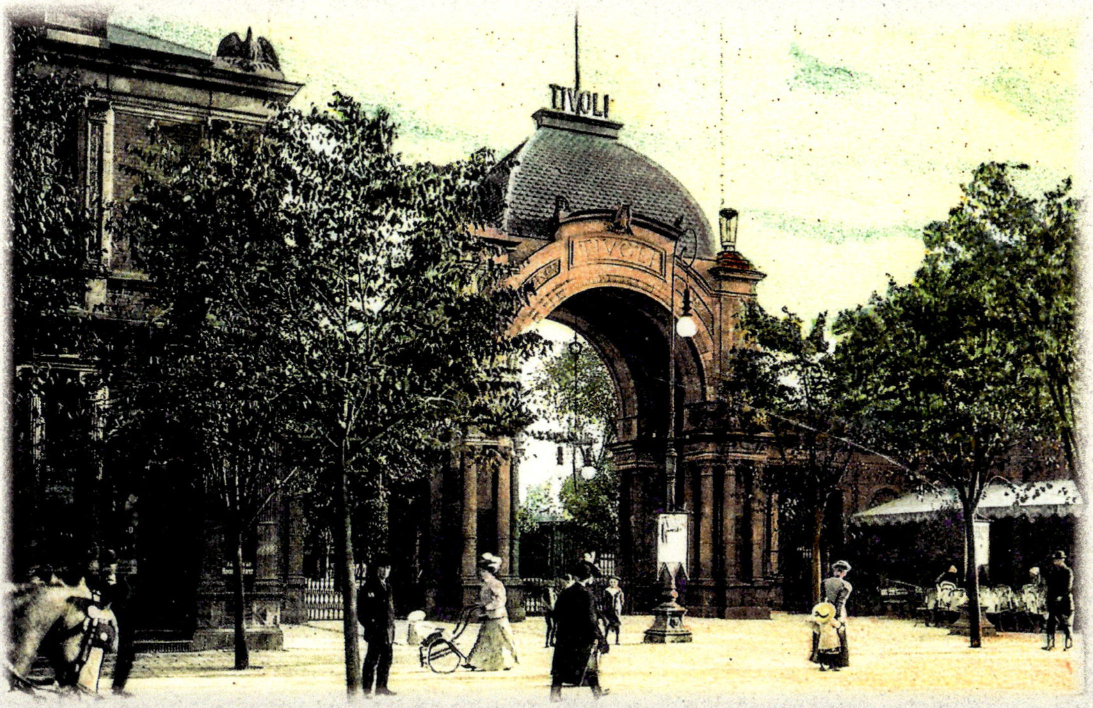
TIVOLI

Fontanes entschiedenster Einwand aber gegen vieles, was ihm in Kopenhagen begegnet, ergibt sich aus der Beobachtung einer »krankhafte[n] Pflege des Nationalen«, die ihm – besonders nach den Leistungen des Militärs – nicht gerechtfertigt erscheint. Die Dänen scheinen ihm heimgesucht von einer »Inferiorität«, die einem Mangel an Schulung geschuldet sei, und diese Indolenz »zeigen vor allem die Soldaten«. Beim Blick aus seinem Fenster im Hotel d'Angleterre am Kongens Nytorv (wo auch Effi Briest später absteigen wird) glaubt er beim Anblick der exerzierenden Soldaten dieses Urteil bestätigt zu sehen. Bei den Frauen erwartete Fontane »Nordlandsgestalten, Fingalstöchter« und überhaupt attraktive, beeindruckende Schönheiten (was immer er darunter verstehen mag), und nun ist er enttäuscht, keiner einzigen glänzenden Beauté begegnet zu sein. Immerhin: in *Effi Briest* ist die junge Titelheldin geradezu fasziniert von einer schönen, attraktiven Dänin – das schreibt Fontane allerdings etwa dreißig Jahre später. Die einzigen interessanten Menschen, denen Fontane 1864 in Kopenhagen begegnet, sind – Engländer. Und jener Däne, den er in einem Text sehr einfühlsam darstellt, ist schon viele hundert

Jahre tot. Der sagenhafte König Gorm aus dänischer Frühzeit, von Fontane als zorniger »Gorm Grymme« gestaltet, gewinnt in der gleichnamigen Ballade als grimmiger und trauernder Vater anrührende Züge.

Irritierenderweise hat sich Fontane kaum über ein Land in Europa so kritisch geäußert wie über Dänemark, was möglicherweise daran liegen mag, dass sein kämpferischer Patriotismus gegen die Dänen, der schon vor dem Krieg 1864 sehr intensiv war, auch während und nach den Kämpfen lange erhalten blieb. Vielleicht hätte ein Besuch zu einem späteren Zeitpunkt, nachdem der nationale Zorn einer entspannteren Betrachtungsweise gewichen wäre, das Urteil milder ausfallen lassen. Vielleicht war Fontane noch aus einem anderen Grund zur falschen Zeit am für ihn eigentlich richtigen Ort: es wäre wahrscheinlich vom Publikum im Nachgang des Krieges nicht sonderlich geschätzt worden, wenn er seine »Zauberstadt« zu zauberhaft dargestellt hätte. Möglicherweise aber war Fontane einfach nur enttäuscht von der Begegnung mit der Stadt seiner Sehnsucht, wie es denn häufig geschieht, wenn vermeintliche Liebe und scheinbare Erfüllung nicht zusammenpassen.

Dennoch gibt es für den an Historie und Kunst interessierten Autor auch zahlreiche positive Erfahrungen im Norden. Diese ergeben sich zumeist dann, wenn sich Fontane aus der problematischen Gegenwart in die heldenhafte und von Mythen umhegte Vergangenheit des Landes begeben kann. In Kopenhagen ist es zum einen das Museum für Nordische Altertümer, dessen Besuch Fontane begeistert in jener Vergangenheit schwelgen lässt, in der auch König Gorm lebte. Zum anderen folgt er der Empfehlung eines Freundes, der ihn ins Thorvaldsen-Museum schickt. Und dort erliegt Fontane der marmornen Klassik des berühmten Bildhauers. Seine Empfindung bei der Besichtigung beschreibt er so: »Es war ein Zwiesprachhalten, ein vertrauliches sich Grüßen mit der Schönheit selbst. [...] Da war nichts Kaltes, wie sie mir sonst wohl erschienen war, sie war heiter, lachend, neckisch, vor allem unendlich beglückend.« Hier endlich findet er die bisher in Kopenhagen so schmerzlich vermisste Schönheit.

Auch wenn Fontane an den Dänen rügt, dass sie zu sehr der gloriosen Vergangenheit, dem *gamle Danmark* anhängen, so ist er selbst ebenfalls mehr an der Vergangenheit, mehr an der Geschichte als an der Gegenwart interessiert. Deshalb empfiehlt er einem Menschen, »der den historischen Sinn« hat, nach Roskilde zu reisen und die Domkirche, die Grablege der dänischen Könige,

Abb. S. 60:
Roskilde – Dom-
kirche;
Abb. S. 61:
Helsingör –
Schloss Kronborg

zu besuchen. Aber auch hier geht es nicht ohne Vergleich, und so sieht Fontane in Roskilde eine Ähnlichkeit mit Linlithgow in Schottland, wobei ihn irritierenderweise die riesige *Domkirke* an die relativ kleine Pfarrkirche des schottischen Ortes erinnert. Bei der Besichtigung verweilt er lange vor fast jedem Grab und rekapituliert die Taten (oder Untaten) des jeweiligen Königs. Während sich Fontane den meisten Herrschern aus vielhundertjähriger Geschichte mit einer gewissen Sympathie zuwendet, ist es bezeichnend, dass seine Beschreibung des Sarges von Frederik VII. recht giftig ist. Der Monarch nämlich war verantwortlich für den Bruch des Londoner Protokolls, in dem sich Dänemark verpflichtet hatte, Schleswig und Holstein nicht dem dänischen Königreich einzuverleiben. Dieses Verhalten führte zum Krieg 1864; zwei Monate vor Ausbruch der Kampfhandlungen starb Frederik. Fontane sieht vertrocknete Kränze auf dem Sarkophag liegen und prophezeit, über

diesen König werde eines Tages ein strenges Gericht gehalten werden. »Eh noch sein Eichensarg verfällt, wird sein Name verfallen sein [...]«. Hier jedoch irrt Fontane. Der Sarg Frederiks ist heute nicht nur gut erhalten, sondern er ist bedeckt von einem edlen, goldfarbenen Kranz. Überhaupt sind die Grabkapellen in der *Domkirke* sehr eindrucksvoll, denn sie repräsentieren monarchische Würde noch im Tode. Irritierenderweise ist sogar bereits das Grabmal für die herrschende Königin Margrethe II. errichtet, wenn auch noch nicht enthüllt.

Ein Name aber, der weder von Fontane noch von vielen anderen Menschen vergessen sein dürfte, ist der vom Prinzen Hamlet, dem melancholischen Helden Shakespeares.

»Das Schloss, die Lage, die beiden Wasserflächen, die historischen und romantischen Erinnerungen, alles ist gleich poetisch hier; es ist allerdings eine Stelle zum Dichten.«

Deshalb steht natürlich auch eine Reise zum Schloss Kronborg (dän. Kronborg Slot) in Helsingör auf dem Programm, wo Shakespeare sein Drama *Hamlet* ansiedelte. Und hier – so scheint es nach den Notizen in seinem Tagebuch – ist Fontane ganz versöhnt mit Dänemark, denn der Poet kommt voll auf seine Kosten. »Das Schloss, die Lage, die beiden Wasserflächen, die historischen und romantischen Erinnerungen, alles ist gleich poetisch hier; es ist allerdings eine Stelle zum Dichten.« Und obendrein ist das Schloss selbst »äußerst malerisch«, mit massiven Bastionen, über die er gedankenverloren wandelt, ohne von einem Geist gestört zu werden. Doch da er nicht nur mit poetischem, sondern auch mit militärischem Auge besichtigt, sieht er, dass die Bewaffnung einen recht friedlichen Eindruck macht. Das aber spielt nun keine Rolle mehr. Der Krieg ist vorbei, und Fontane muss jetzt nur noch das Buch über den Krieg mit Dänemark schreiben. Er kann aber nicht ahnen, dass er zwei Jahre später wegen eines neuen Krieges wieder »ins Feld« ziehen muss.

Kapitel 3

Krieg und Kur, Schlachtfeld und Thermalquelle

oder Zwischen Königgrätz, Karlsbad und Wien – Fontane und die k.u.k. Monarchie

Wäre man zynisch, könnte man sagen: Ohne Kriege hätte Fontane keine Wanderungen durch Europa unternommen. Das ist natürlich eine höchst anfechtbare Aussage, denn der reiselustige Autor hat später, als seine Vermögensverhältnisse besser und sein Erholungsbedürfnis größer wurden, häufig den Koffer gepackt (oder vermutlich packen lassen), um wieder die Ferne zu erkunden und nicht nur durch die Mark zu streifen. Fontanes Buch über den Schleswig-Holsteinischen Krieg ist noch nicht lange auf dem Markt, als Bismarck einen weiteren Schritt im nationalen Einigungsbestreben tut. Und da er zur Erreichung dieses Zieles abermals militärische Auseinandersetzungen nicht scheut, wird gegen Österreich und dessen Verbündete mobil gemacht und im Juni 1866 in das Königreich Böhmen einmarschiert. Und Fontane marschiert – einige Zeit danach – hinterdrein. Später wird er vornehmlich zur Kur ins Habsburgerreich reisen (seit 1867 kaiserliche u. königliche, k.u.k. Monarchie), aber 1866 bildet Fontane wie schon bei seiner Reise durch Dänemark die Nachhut zu Schlachtengetümmel und Kriegsgeschrei. Preußen und Österreich sind jetzt nicht mehr wie noch 1864 Verbündete, sondern Gegner.

Ein nicht ganz unwichtiger Aspekt Fontane'scher Unternehmungen in der Fremde ist ein ökonomischer. Neben dem Interesse an europäischen Lokalitäten, an ihren Menschen, ihrer Kunst und Kultur, will und muss der

66

Abb. S. 67:
Verwundete im
Krieg 1866

Schriftsteller, immer noch in nicht sonderlich opulenten wirtschaftlichen Verhältnissen lebend, die Familienkasse aufbessern. Deshalb möchte Fontane die Geschäftsverbindung mit dem Verleger Decker erneuern und – wie er es nennt – ein »Seitenstück« zum schleswig-holsteinischen Krieg schreiben. Der Briefwechsel mit Decker zeigt, wie schwierig es schon damals für einen Autor war, eine seiner Arbeit angemessene Honorierung zu erhalten. Erst nach längeren Verhandlungen akzeptiert Decker, dass Fontane für ein Buch, das erheblich umfangreicher sein wird als das frühere, auch Anspruch auf ein höheres Honorar hat. Und da dieser über Schlachten nur schreiben kann, wenn er die Schlachtfelder besichtigt hat, muss er wieder reisen.

Für den Liebhaber des Nordens lag das Reich der Habsburger ziemlich weitab von seinen europäischen Traumorten, doch die Möglichkeit, Land und Leute kennenzulernen und gleichzeitig seinen historisch-militärischen Interessen nachgehen zu können, bestimmen Fontanes Entscheidung, nach Böhmen zu fahren. Gegenüber seinem Verleger Hertz, der die *Wanderungen* wie auch die Gedichte veröffentlicht, rechtfertigt er seine Unternehmung noch genauer, denn jener schätzt Kriegsliteratur nicht sonderlich. Im August 1866 schreibt Fontane: »Das aber glaube ich bestimmt, dass es sich rein äußerlich-geschäftlich genommen, wohl verlohnen würde, es mit dem Minstrel und Wandrer auch mal als Amateur-Strategen zu versuchen.« Zwar hatte Fontane – abgesehen von seiner einjährigen Dienstzeit – keine weitere militärische Ausbildung erhalten, aber sein Verständnis für Militäraktionen, für Planung und Strategie auf dem Schlachtfeld ging zweifellos über das Amateurhafte hinaus. Allerdings bereitete der preußisch-österreichische Krieg, auch Deutscher Krieg genannt, schon größere Schwierigkeiten in der Darstellung. Umfassten die Militäraktionen in Schleswig-Holstein einen relativ kurzen Zeitabschnitt und einen vergleichsweise umgrenzten geografischen Raum, fanden sich im Deutschen Krieg Preußen und Österreich samt Verbündeten von Thüringen bis Böhmen auf einem weiten Terrain wieder, auch wenn es – wie zuvor in Düppel – bei Königgrätz ebenfalls eine Entscheidungsschlacht gab.

Als Decker endlich auf Fontanes Honorarbitte eingeht, kann dieser sich auf die Reise ins Königreich Böhmen machen. Zur Ausstattung des Journalisten gehört auch eine Binde des Roten Kreuzes; immerhin hatte Preußen die Genfer Konvention als eines der ersten Länder 1864 unterschrieben, und eine

missbräuchliche Verwendung dieses Schutzzeichens durch Personen, die nicht in karitativer Funktion unterwegs waren, wurde erst in der Folge sanktioniert. Fontane war es aber durchaus peinlich, mit der Binde als Helfer von Verwundeten angesehen zu werden; er bezeichnet sie als »Freipass«, zugleich aber als Quelle von »Beschämung und Verlegenheit«, da er nicht der Wohltäter war, für den man ihn hielt. Vier Jahre später in Frankreich war diese Ausstattung für ihn nicht mehr nur peinlich, sondern desaströs, als er nämlich mit dieser falschen Legitimation für einen Spion gehalten wurde. Gleichwohl schärft das Symbol sein Bewusstsein für die Not und Gefahren, die eine kriegerische Auseinandersetzung bedeutet.

Bevor er mit dem neuen Kriegsbuch beginnt, unternimmt er wie gewohnt erst einmal eine Reise zu den Schlachtfeldern, auf der ihn im August 1866 ein alter Freund begleitet. Die Erfahrungen dieser Tage veröffentlicht Fontane als *Reisebriefe vom Kriegsschauplatz Böhmen 1866* im *Deckerschen Fremdenblatt,* gewissermaßen als Einstimmung auf das voluminöse Hauptbuch, das allerdings erst drei Jahre später erscheint. Der Titel jener Texte zeigt zwei Aspekte von Fontanes Unternehmung: einen touristischen und einen militärischen, wobei häufig beide als »Parallelaktion« verbunden sind. Ähnlich wie in den *Wanderungen*, auf die Fontane zum Vergleich hin und wieder rekurriert, beschreibt er ausführlich und mit Sympathie Land und Leute. Die Landschaft ist idyllisch, die Dörfer und kleinen Städte sind anheimelnd und die Gasthäuser sind – gastlich. Besonders ausführlich schildert Fontane den kleinen Ort Gitschin (Jičín), der für ihn nicht nur wegen der Schlacht vom Juni 1866, sondern vor allem wegen dessen Verbindungen zu Wallenstein interessant ist. Obendrein ist das Gasthaus am Marktplatz angenehm und kulinarisch verwöhnend. Der Autor genießt die vorzügliche Verpflegung mit Wild und kräftigem Ungarwein sowie ein gutes Frühstück mit »Kipfel«, alles in behaglichen Wirtsstuben serviert. Diese Behaglichkeit wird allerdings konterkariert von einer gewissen

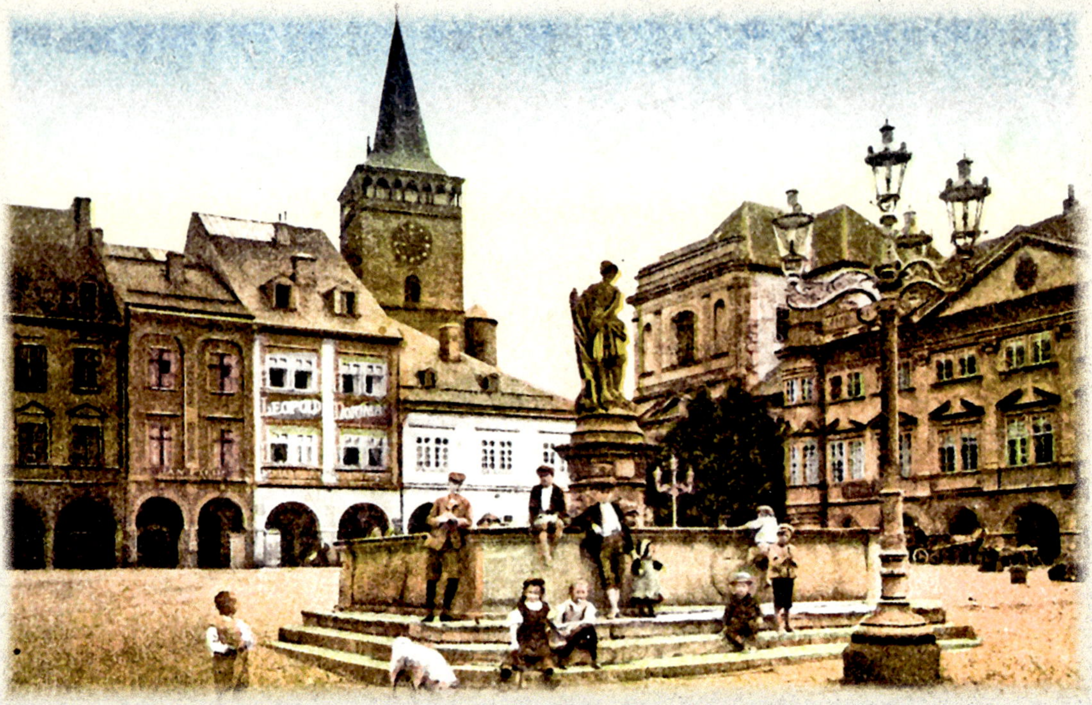
LEOPOLD

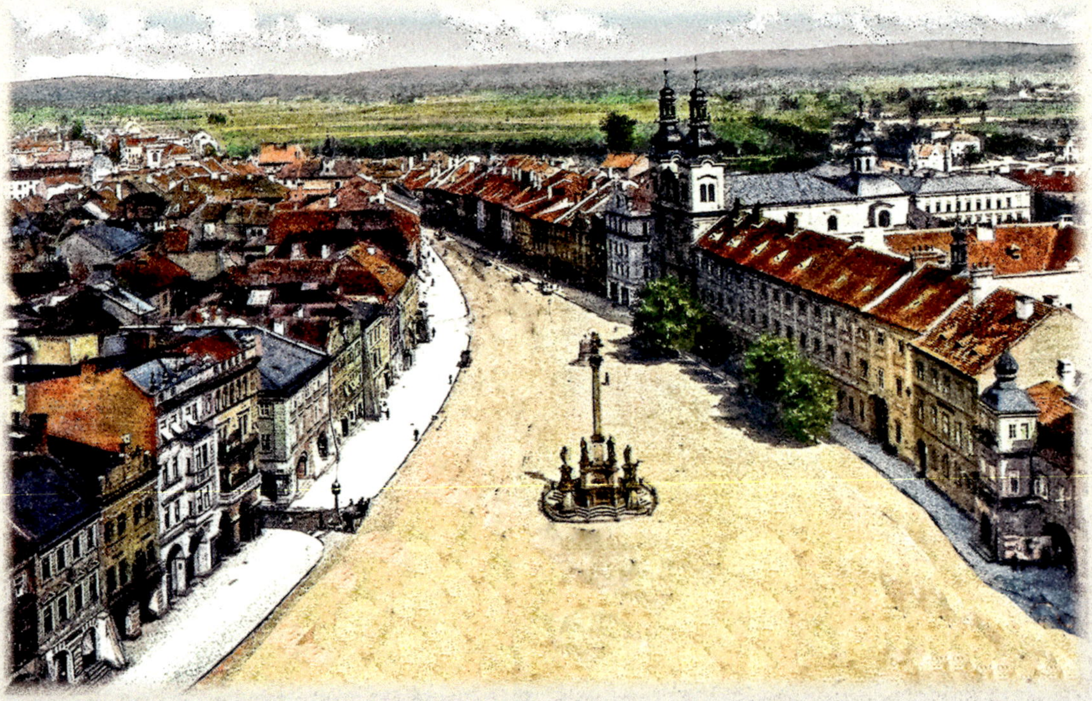

Unreinlichkeit, aber der erfahrene Wanderer Fontane bemüht unverzüglich einen Vergleich. Der »siebenmal gewaschene« Engländer dürfe sich unwohl fühlen, wer aber die Mark durchwandert habe, habe kein Recht, sich in einer böhmischen Herberge »an den Grenzen aller Kultur zu glauben«. Allein die Bettenfrage lässt ihn resignieren, denn die ist für ihn kaum irgendwo auf der (ihm bekannten) Welt zufriedenstellend geklärt, und die Probleme lassen sich nicht allein mit dem großzügigen Streuen von Insektenpulver lösen. Und die Frage der »Örtlichkeiten« berührt er gar nicht erst – schließlich lesen auch Damen das *Fremdenblatt*.

Fontanes Hauptanliegen ist es auch hier wie bei seinen anderen europäischen Exkursionen, der Bevölkerung Gerechtigkeit widerfahren zu lassen und vielfach kolportierte Vorurteile zu widerlegen. Besonders bemerkenswert ist seine freundlich-zugewandte, einfühlsame Beschreibung all jener Personen, denen er unterwegs begegnet – seien es Bedienstete in den Gasthäusern oder Menschen, die er um Auskunft bittet. Dabei positioniert er sich sehr deutlich gegen die Klagen, die von Offizieren wie Mannschaften des preußischen Heeres geäußert werden. Er schreibt, es sei seine Pflicht, für Recht und Wahrheit einzutreten, denn in all den Tagen in Böhmen habe er kein Erlebnis gehabt, das ihn berechtige, »in das so laut gewordene Verdammungsurteil einzustimmen«. Und er hat Verständnis dafür, dass die Sympathien der Bevölkerung gegenüber den Siegern nicht gerade überschwänglich sind. Die Mentalität der Böhmen kontrastiert nach seiner Erfahrung mit der preußischen: auf böhmischer Seite »eine scheue, leise sprechende, leise auftretende Artigkeit«, während die Preußen lautstark mit »Stulpstiefeln und Pfundsporen« durchs Land marschieren. Allerdings dürfte dieser Eindruck nicht zuletzt durch den Gegensatz entstanden sein, der sich in der Begegnung von böhmischen Zivilisten und preußischen Soldaten zwangsläufig ergibt.

Bei seinen Exkursionen ist Fontane in der Regel auch daran gelegen, die jeweilige Hauptstadt eines Reiches zu besuchen und zu würdigen, doch Prag scheint kaum sein Interesse erregt zu haben. Reiste er für sein erstes Kriegsbuch noch erwartungsvoll nach Kopenhagen, seiner »Sehnsuchtsstadt«, und wird er beim dritten Buch später bedauern, Paris nur von ferne gesehen zu haben, so ist er von der »Goldenen Stadt« wenig angetan. Deren architektonische Attraktivität misst er an seinem geliebten Edinburgh, und an diese Stadt reicht für ihn die böhmische Metropole nicht heran. Im Vergleich zu seinen anderen europäischen »Wanderbüchern« kommt Fontane bei Böhmen zwar seiner Chronistenpflicht nach, aber mit reduziertem Elan.

Die *Reisebriefe vom Kriegsschauplatz* muten schon allein vom Titel her eher wie harmlose Reminiszenzen eines klassischen Schlachtenbummlers an, der gewissermaßen touristisch unterwegs ist, Schlachtfelder nur auf der Durchreise inspiziert und weniger das blutige Kämpfen und Sterben beschreiben will. Doch findet sich eine Passage in den *Reisebriefen*, die konkret auf die Schlacht von Sadowa bei Königgrätz (heute: Hradec Králové) eingeht, die aber skurril zu nennen eine Untertreibung wäre. Um die Strategien der Befehlshaber zu veranschaulichen, vergleicht Fontane das Terrain des Schlachtfeldes mit der Topografie von Berlin-Kreuzberg, und man kann ihm bei diesem seltsamen Unterfangen nur zugutehalten, dass er bei seinem Publikum auf militärische Laien hofft. Fontane scheint eine Vorliebe für anschauliche, wenn auch nicht der Komik entbehrende Schlachtbeschreibungen gehabt zu haben: Das Schlachtfeld von Sedan und die Aufstellung der Truppen beispielsweise vergleicht er mit einer Torte. Da der Aufschrei humorloser Patrioten ausblieb, hat man dem Autor die Darstellung wohl nachgesehen – oder das Buch nicht allzu intensiv gelesen.

In den beiden Bänden von *Der Deutsche Krieg 1866* zeigt sich der Minstrel Fontane als Stratege, der das Gelände durchaus unter militärischen Aspekten zu lesen versteht und dabei mit patriotischem, aber auch sehr fairem Engagement schreibt. Zwar dürften heute seine Kriegsbücher kaum als spannende Lektüre gelten (und waren es wohl auch im 19. Jahrhundert nur in Maßen), könnten aber eine sehr interessante sein, denn bei genauerem Hinsehen wird deutlich, dass der Autor ein erfahrener Schriftsteller mit militärischem Sachverstand ist, der den Vergleich mit dem Werk des Großen Generalstabes nicht zu scheuen braucht. Letzteres trägt interessanterweise den Titel *Der Feldzug 1866 in Deutschland*, ohne die Gebiete des Habsburger Reiches zu nennen. Natürlich hat Fontane dieses Buch als Quelle benutzt, und die Verbindung von offizieller Geschichtsschreibung und zahlreichen Zeugnissen von Kriegsteilnehmern macht aus einer trockenen Darstellung eine teilweise lebhafte Schilderung. Und anders als der Generalstab, der ausdrücklich darauf verweist, keine Zeugnisse des Gegners benutzt zu haben, lässt Fontane auch diesen zu Wort kommen.

Während der Generalstab korrekterweise betont, auf jegliche Emotionalität zu verzichten, kann Fontane den Poeten nicht völlig verleugnen; zuweilen nämlich wird aus Sachlichkeit eine fast romantisierende Schilderung. Den Abend des dritten Tages der Schlacht von Königgrätz zum Beispiel beschreibt Fontane fast balladenhaft, dabei intensiv als »Nicht-Augenzeuge« die Situation imaginierend: »Der Tag ging zur Rüste. Von der Höhe von Chlum aus bot sich ein wunderbares Bild. Das Licht der untergehenden Sonne fiel grell auf die Festung Königgrätz und in weitem Umkreise wurde das Schlachtfeld von dem Gebirge eingerahmt, über dem dunkle Wolken sich jagten und sich fantastisch durcheinander schiebend, die Schlacht fortzusetzen schienen.« Derartige Bilder von Kampf und Sieg werden aber von Fontane in allen seinen Kriegsbüchern häufig kontrastiert mit jenen von Not und Sterben. Er besucht Lazarette, in denen die verwundeten Soldaten beider Heere nebeneinander liegen, und kann von Leid und Tod aus eigener Anschauung berichten. Dadurch gewinnen seine Bücher einen humanitären Habitus, der in jener Zeit nicht selbstverständlich ist. Selbstverständlich aber ist ein – immerhin sanfter – preußischer Patriotismus, den der Lyriker Fontane noch vor dem Kriegsbuch mit seinem »Einzugsgedicht« beweist.

Ein Jahr später bereist Fontane die Schlachtfelder in Franken entlang des Mains, wo sich Preußen und Bayern gegenüberstanden. Ausführlich besichtigt er die Örtlichkeiten der Gefechte bei Kissingen, wobei sein besonderes Interesse dem Friedhof gilt. Das trotz aller patriotischen Empathie Atypische dieses Kriegsbuches im Vergleich zu den Publikationen von professionellen Militärhistorikern zeigt sich in verschiedener Hinsicht. Zum einen in dem

ausgewogenen Urteil über die Ursachen verlorener Schlachten der Österreicher und ihrer Verbündeten, bei dem Fontane die Entscheidungen der gegnerischen Befehlshaber verständnisvoll hinterfragt, aber auch die Fehler der preußischen Heeresführung nicht außer Acht lässt. Zum anderen ist es der Kampf um den Kurort Kissingen, der ihn beeindruckt hat und den er als den interessantesten im Westen bezeichnet; ihm schreibt er ein »gewisses poetisches Kleid«, eine »besondere dramatische Lebendigkeit« zu. »Überall runden sich die einzelnen Situationen zu den malerischsten Schlachtenbildern«, und diese schildert er im Einzelnen. Der Kontrast zwischen dem blutigen Gemetzel und dem friedlichen Heilbad, das Gewehrfeuer im Kurgarten, scheinen ihn fasziniert zu haben, denn unversehens befanden sich auch die Hotels im Feuer. Deren Gäste, zumeist die weiblichen, aus vielen Nationen, häufig vermögend und adelig, leisteten dann in Feuerpausen karitative Hilfe.

Besonders beeindruckt zeigt sich Fontane von dem Kampf auf und um den Kissinger Kapellenfriedhof, bei dem nicht nur Lebende getötet, sondern auch Tote durch das Bombardement erneut Opfer werden. Er schreibt darüber sowohl in seinem Kriegsbuch wie auch 1886 in der Erzählung *Eine Frau in meinen Jahren*, in der eine Dame und ein Herr »in den besten Jahren«, über den Kirchhof spazierend, scheinbar absichtslos bestrebt sind, ein Paar zu werden. Viele Jahre nach dem Besuch der Schlachtfelder reist Fontane wieder nach Kissingen, dieses Mal mit seiner Frau und zur Erholung. Der Badeort ist inzwischen zu einem exklusiven Treffpunkt der Prominenz aus Politik, Kultur und Wirtschaft geworden, und die Gästelisten notieren höchsten und allerhöchsten Adel – das Sehen und Gesehenwerden spielt in dieser Gesellschaft keine geringe Rolle. Zu den regelmäßigen und bedeutendsten Besuchern zählt der Reichskanzler Otto von Bismarck, dem die anderen Gäste häufig huldigen.

Nach Abschluss der entsprechenden Kriegsbücher besucht Fontane Dänemark oder Frankreich nicht mehr, in die k.u.k. Monarchie jedoch reist er noch recht häufig – geradezu erstaunlich für den »Nordlandsmenschen«. Zwischen 1893 und 1898 sucht er Ruhe und Erholung in Karlsbad (Karlovy Vary), dem mondänen Badeort im westlichen Böhmen. Emilie bucht Anwendungen in der Therme, taucht in den »Modder« von Moorbädern, und beide hoffen auf gesundheitliche Besserung durch die Brunnenkur – ein geschmacklich sehr spezieller Genuss. Neben den gesundheitlichen Aspekten hat Karlsbad für

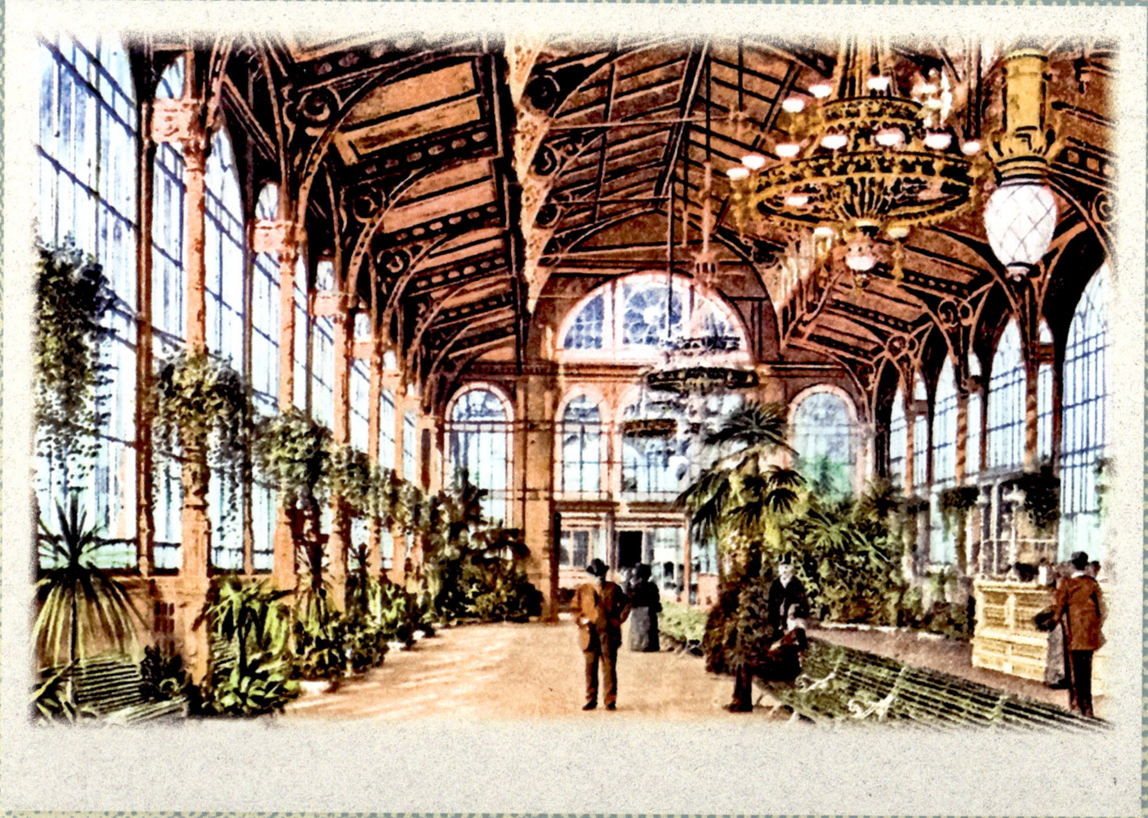

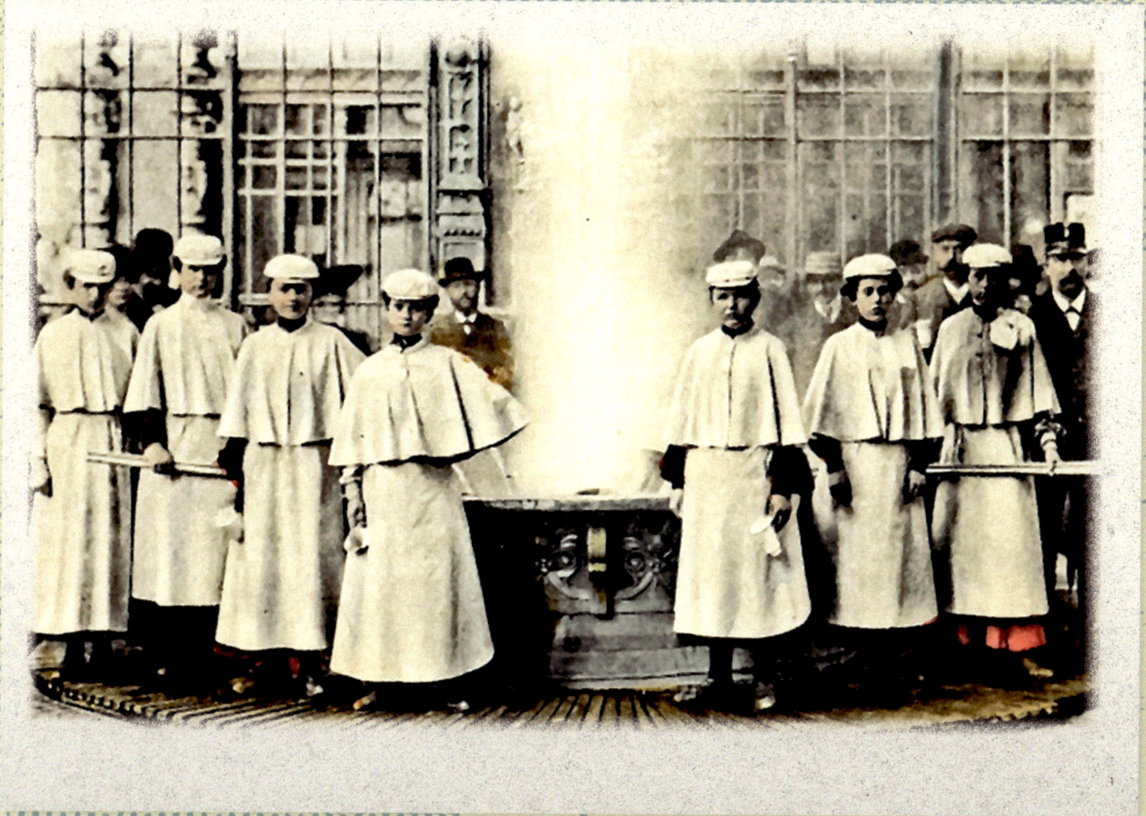

den »europäischen Kosmopoliten« Fontane noch einen weiteren Reiz: In kaum einem anderen Ort auf dem Kontinent konnte man damals im Sommer so viele Menschen unterschiedlichster nationaler Herkunft treffen. Russen und Amerikaner, Franzosen und Engländer und natürlich Deutsche und Menschen aus den vielen Ländern der k.u.k. Monarchie – der Beobachter Fontane hat reiche Anschauung und braucht auf seine alten Tage nicht mehr durch Europa zu wandern.

Problematisch allerdings ist, wie häufig er in seinen Briefen – vor allem in jenen an seine Tochter – die heftigsten Vorurteile gegen die vielen jüdischen Gäste äußert, auch wenn er sie zuweilen durch positive Aussagen relativiert. Für Fontanes habituelles »Sowohl – Als auch«, das ihn als differenzierten Denker auszuweisen scheint, das aber auch die Scheu vor klarer Positionierung ausdrückt, sei hier ein Beispiel angeführt. In einem Brief an Mete vom 30. August 1895 schreibt er: »Das beständige Voraugenhaben von Massenjudenschaft aus allen Weltgegenden, kann einen natürlich mit dieser schrecklichen Sippe nicht versöhnen, aber inmitten seiner Antipathieen kommt man doch immer wieder in's Schwanken, weil sie – auch die, die einem durchaus mißfallen – doch immer noch Kulturträger sind und inmitten all ihrer Schäbigkeiten und Geschmacklosigkeiten Träger geistiger Interessen. Wenn auch nur auf ihre Art. Sie kümmern sich um alles […] und bringen dadurch Leben in die Bude.« Heute sind derartige Äußerungen erschreckend und anstößig, aber auch zu Fontanes Zeit hätten solche antisemitischen Bekundungen – wären sie öffentlich gemacht worden – sicher Kritik in jenen liberalen Kreisen herausgefordert, in denen Fontane gesellschaftlich verkehrte und zu denen viele seiner Leserinnen und Leser gehörten.

Obendrein waren nicht wenige seiner Freunde, auf deren Hilfe er in bedrängten Situationen rechnen durfte, Juden. Insofern verwundert es nicht, dass er die schlimmsten Invektiven nur in seinen sehr privaten Briefen, zumeist an Familienangehörige aussprach. Doch selbst jüdische Briefpartner wie der Amtsrichter Friedländer blieben von seinen bissigen Bemerkungen nicht verschont. Andererseits hatte Fontane zwei Schriften geplant, in denen er sich gegen den Antisemitismus seiner Zeit wenden wollte, doch diese führte er nicht aus. Es ist irritierend – um keinen stärkeren Begriff zu verwenden –, wie sich Fontane im Alter zunehmend antijüdisch äußert, dabei allerdings auch eine nicht unbeträchtliche Ambivalenz zeigend. Henry H. H. Remak, ein bedeutender Fontane-Forscher, der 1936 in die USA emigrieren musste, bezeichnet diesen Sachverhalt als ein thematisches Minenfeld, das sich mit Verweis auf den Zeitgeist nicht einfach entschärfen lässt.

»Pupp ist [...] ein Ding wie der Tuilerien=Garten, draus ein in gotischer Renaissance gehaltenes Riesenschloß als ›Grand Hôtel Pupp‹ aufragt«

Trotz seiner Schmähungen gegen jüdische Gäste kann Fontane sich deren kultureller Attraktivität nicht völlig entziehen. Und sein weltbürgerlich-künstlerisches Selbstbewusstsein hat kein Problem, unter den Reichen und mehr oder minder Schönen zu lustwandeln oder im »Grandhotel Pupp« den Nachmittagskaffee einzunehmen. Dieses traditionsreiche Haus – auch heute noch ein interessantes Hotel – ist zu seinem Erstaunen nicht so teuer wie befürchtet, obwohl es sich zum Treffpunkt der High Society entwickelt hat. Fontanes wohnen gegenüber auf der anderen Seite der Teplá im *Hotel Stadt Moskau* und müssen nur eine Brücke überqueren, um zum *Pupp* zu gelangen. Fontane ist beeindruckt von dem internationalen, die Welt abbildenden Charakter des Hotels, wie ein Brief an seine Tochter im August 1893 deutlich macht: »Pupp ist [...] ein Ding wie der Tuilerien=Garten, draus ein in gotischer Renaissance gehaltenes Riesenschloß als ›Grand Hôtel Pupp‹ aufragt [...]. In tausend Lichtern strahlend, wirkte es am Abend feenhaft oder doch orientalisch, welche Wirkung durch den Stammescharakter seiner Gäste gesteigert wurde.« Trotz solcher diskriminierenden Feststellungen ist sich Fontane durchaus im Klaren, dass er in diesem recht kleinen Ort alles findet, wofür er früher längere Reisen unternehmen musste: die Vielfalt der Welt. Und in dem bereits zitierten Brief teilt er diese Erkenntnis der Tochter mit: »Der Ort ist wirklich eine Sehenswürdigkeit und wäre Stoff für ein Essay; [...] d.h. ein Etwas, das das Wesen dieser merkwürdigen Welt=Gasthaus=Stadt zusammenfaßt.« Zu diesem Wesen gehören auch die vielen Gedenkplaketten, die an berühmte Gäste erinnern und von Fontane voller Bewunderung gelesen werden, wie er 1893 schreibt. 100

Jahre später, im September 1993, wird auch für Fontane eine Gedenktafel an seinem ehemaligen Hotel angebracht.

An dem Hotel, in dem die Fontanes bei ihrer Wienreise im September 1875 nächtigten, gibt es keine Plakette; zum einen ist es kein Hotel mehr und zum anderen war der Aufenthalt so kurz, dass er weder in Fontanes Leben noch in seinem Schreiben nachhaltige Spuren hinterlassen hätte – trotz des Romans *Graf Petöfy*. Immerhin gab es zwischen 1938 und 1947 im 11. Wiener Bezirk eine Fontanegasse, die danach ihren alten Namen Paul-Heyse-Gasse zurückerhielt – gewissermaßen ein topografisches Treffen der beiden Freunde. Fontane hätte es vielleicht amüsiert, dass eine Straße nach ihm benannt wurde, die im klassischen Wiener Arbeiterbezirk Simmering liegt und dann noch nahe dem Zentralfriedhof.

> »In einer der Querstraßen, die vom ›Graben‹ her auf den Josephsplatz und die Augustinerstraße zuführen, stand das in den Prinz-Eugen-Tagen erbaute Stadthaus der Grafen von Petöfy mit seinem Doppeldach und seinen zwei vorspringenden Flügeln.«

Mit Emilie steigt er im Hotel Müller ab, das an der Ecke Graben und Kohl-markt liegt und damit im Zentrum der Stadt, nur wenige Schritte von der Hofburg entfernt. In diesem Umkreis finden sich zahlreiche kleinere wie größere Palais, da die Nähe zum Kaiserhof für adelige Familien wichtig war. Fontane dürfte an der Lage geschätzt haben, dass er mitten im Leben der Metropole Kunst und Kultur erleben, vor allem aber als professioneller Kritiker das Theater besuchen kann. Obendrein ist es für ihn von Bedeutung, den Schauplatz seiner geplanten Bücher selbst in Augenschein zu nehmen bzw. nur ihm bekannte Szenerien schreibend zu verarbeiten. Insofern verwundert es nicht, dass er den Grafen Petöfy in eben jener Gegend Wiens wohnen lässt, die er selbst, wenn auch nur kurz, durchwandert hat.

Wie häufig bei Fontane beginnt auch dieser Roman mit einer knappen Beschreibung des Handlungsortes, hier ist es Wien. »In einer der Querstraßen,

die vom ›Graben‹ her auf den Josephsplatz und die Augustinerstraße zufüh-
ren, stand das in den Prinz-Eugen-Tagen erbaute Stadthaus der Grafen von
Petöfy mit seinem Doppeldach und seinen zwei vorspringenden Flügeln.« In
der Inneren Stadt reihen sich auch heute noch herrschaftliche Häuser anein-
ander – auch wenn sie inzwischen kaum noch den alten Familien gehören –,
und Fontane dürfte bei seinem Flanieren (wie er es selbst nennt) häufig den
Kopf in den Nacken gelegt haben. In diesem Stadtteil sind die meisten Gassen
relativ eng und die Häuser recht hoch – die sehr viel offenere Straßenführung
am Ring war bei Fontanes Aufenthalt erst teilweise fertiggestellt.

Graf Petöfy erscheint 1884, doch die Arbeit an dem Roman begann Fontane
schon erheblich früher. Bereits im August 1880 schreibt er aus seinen »Arbeits-
ferien« im Harz an Emilie, dass er sich in Gedanken nach Wien begeben habe.
»Ich kenne jetzt in der Altstadt jede Gasse und weiß ganz genau, wo meine
Personen wohnen. Dies lokale sich Einleben bedeutet furchtbar viel […].« Nun
erfahren wir nicht, ob Fontane vielleicht einen Stadtplan oder Baedeker zur
Hand hatte oder sich intensiv zurückerinnerte, zumindest scheint es ihm
besser gegangen zu sein als Julius Rodenberg. Dieser schreibt in seinem Buch
Wiener Sommertage (1875), wie schwierig es sei, sich in der Inneren Stadt Wiens
zurechtzufinden und dass es nur ein Mittel gäbe, sich zu orientieren: man
müsse ein geborener Wiener sein.

Fontane rezensiert dieses Werk knapp fünf Monate vor seinem eigenen
Wienbesuch, und vielleicht hat er sich dieser Probleme erinnert, weshalb er
dann nur die »einfachen« Wege beschritt. Und diese »einfachen Wege« lässt
er dann auch im vorletzten Kapitel den Grafen vor dessen Selbstmord reiten
– am Stadtpark vorbei und an der Franz-Josefs-Kaserne (die dem Bau der Ring-
straße weichen musste), durch die Leopoldstadt zum Prater und dann wieder
heimwärts. Diese Stationen notiert Fontane auch 1875 in seinem Tagebuch. Zur
Donaumetropole hält er abschließend fest: »Drei angenehme Tage in Wien;
dann zurück.« Und fünf Jahre später dann der Beginn eines »Wienromans«!
Graf Petöfy scheint ein Ausflug des Verfassers von Berliner Romanen zu sein,
ist es aber recht eigentlich nur im Schauplatz bzw. in der literarischen Kulisse.
Ein alter Graf und eine junge Schauspielerin hätten auch in Berlin ein Paar
werden können – nur die Konversion der protestantischen Heldin wäre im
protestantischen Berlin wohl weniger vermittelbar gewesen.

Kapitel 4

Der Hugenotte und das Land der Vorfahren

oder *Zwischen Maas und Gironde: Fontane und Frankreich*

Ein Journalist ist beruflich in Frankreich unterwegs und recherchiert auch abseits vorgezeichneter Pfade. Plötzlich wird er verhaftet, vor ein Tribunal gestellt, und ihm droht die Todesstrafe. Denn: es ist Krieg, der Mann heißt Theodor Fontane, ermittelt als Kriegsberichterstatter und ist ohne militärischen Schutz in Feindesland unterwegs, wo man ihn für einen Spion hält. Doch er hat Glück! Das bedenkliche Abenteuer geht glimpflich aus, und das Erschießungspeloton muss nicht antreten. Der unvorsichtige Schriftsteller wird freigesprochen, aber nicht freigelassen, sondern auf die Atlantikinsel Oléron verbracht, wo er einige Wochen als Gefangener verbringen muss, allerdings behandelt wie ein »Officier superieur«. Diese Einordnung entsprach vermutlich dem Bild, dass sich die französische Heeresjustiz von Fontane gemacht hatte: er habe »militärische Augen« – zutreffend –, und damit könne er möglicherweise noch gefährlich werden – wohl kaum zutreffend.

Mit dem französischen Militär hatte Fontane schon als Kind Bekanntschaft gemacht: Die Kenntnis der napoleonischen Heeresformationen, der Marschälle, Offiziere und einfachen Soldaten samt der vielen Feldzüge gehörten zu dem Repertoire, mit dem der Vater den Knaben Theodor in Geschichte unterrichtete und für diese Thematik begeisterte. Dennoch wurde Frankreich nicht das Sehnsuchtsland des jungen Fontane, obwohl beide Eltern der »Französischen

Abb. S. 83:
Einzug der deut-
schen Truppen in
Paris 1871

Kolonie« entstammten, wie die Gemeinschaft der hugenottischen Flüchtlinge bis etwa 1900 hieß. Immerhin schreibt er in dem Erinnerungsband *Meine Kinderjahre*, dass er in einer »noch ganz von Refugié-Traditionen erfüllten Französischen-Kolonie-Familie« aufwuchs. Ludwig XIV. hatte nach der Aufhebung des Ediktes von Nantes 1685 die Protestanten ihrer Rechte beraubt, weshalb sie in großer Zahl Frankreich verließen. Sehr viele flohen nach Preußen, wo sie der Große Kurfürst – auf die tüchtigen Exilanten als Retter in wirtschaftlicher Not hoffend – mit offenen Armen empfing und ihnen lange finanziellen Beistand zuteilwerden ließ. Bedauerlicherweise war dieses ökonomische Entgegenkommen zur Zeit der Familiengründung von Fontane sen. beendet, obwohl gerade er von ihr erheblich hätte profitieren können. Der Apotheker geriet nämlich sehr bald in finanzielle Schwierigkeiten, die vor allem seiner Spielleidenschaft geschuldet waren, und als seine Frau diese Verhältnisse nicht mehr ertrug, trennte sie sich von ihm. Der Sohn blieb Vater und Mutter gleichermaßen verbunden, auch wenn er die Erinnerung an den Vater liebevoller gezeichnet zu haben scheint. Vielleicht war es die Strenge seiner Mutter, vielleicht auch deren südfranzösisches, leidenschaftliches Temperament – ein wenig davon auch ihm vererbt –, weshalb Fontane etwas stärker seinem Vater zugeneigt war. Dieser soll einmal über seine Frau gesagt haben, »wäre sie im Lande geblieben, so tobten die Cevennenkriege noch.« Zumindest der Ehekrieg im Hause Fontane hat lange und unglücklich getobt.

Trotz des »Kolonistenstolzes« seiner Eltern und der »Geschichtsindoktrination« durch seinen Vater blieb Frankreich für Fontane viele Jahre ein ziemlich fernes Land, woran auch ein längerer Zwischenstopp in Paris auf der Reise nach London im Oktober 1856 nichts änderte. In Briefen an seine Frau und an den Vater äußert Fontane sich recht negativ über Paris, dabei wieder einmal in gewisser Weise die Hauptstadt für das Land nehmend. Es scheinen die Vorurteile des etwas provinziellen preußischen Touristen (aber auch des braven Ehemannes) zu sein, wenn er nur jenem Besucher einen vergnüglichen Parisaufenthalt zugesteht, der sich als Libertin geriert, Hazard spielt und den Mädchen nachläuft. Auch betont Fontane den vermeintlichen »Schaucharakter« der Stadt; es komme ihm vor, als sei alles »auf Beschwatzung und Verführung abgesehn«, schreibt er an seinen Vater. Vor allem aber, und das ist entscheidend und »steht bummsfest«, ist London viel größer und

Abb. S. 84:
Theodor Fontanes
Kriegsbücher

großartiger, was für Fontane fast dasselbe meint. Allerdings ist er wie immer bereit, sein Urteil zu relativieren, denn in einer Hinsicht kann London nicht mit Paris konkurrieren: das sind die Sonntage. Selbst die Londoner ziehen das Pariser Leben ihrem eigenen an diesem Tage vor, denn der – so Fontane – ist gekennzeichnet von furchtbarer »Oede und Langeweile«, während auf den Boulevards und in den Cafés sich Tausende vergnügen. Doch den französischen Sonntag zu genießen, hat Fontane auch bei anderen Aufenthalten selten Gelegenheit.

Vierzehn Jahre später, im September 1870, reist er wieder nach Frankreich, dieses Mal im Auftrage seines Verlegers Decker, der erneut wie schon 1864 und 1866 ein Kriegsbuch von dem auch in dieser Hinsicht ausgewiesenen Autor haben möchte. In seinen Erinnerungen wird Fontane diese Unternehmung als eine Reise in das »alte romantische Land« bezeichnen, obwohl die Romantik teilweise dem unromantischen Drama weichen muss. In einem Brief an seine Freundin und Gönnerin Mathilde von Rohr schreibt Fontane optimistisch am 25. September 1870, dass er beabsichtige, die Schlachtfelder von Metz und

Sedan aufzusuchen und auch hoffe, die siegreichen Truppen beim Einzug in Paris feiern zu können. Doch die Planungen wird er erst sechs Monate später realisieren können, ohne allerdings die Einzugsfeier zu erleben, denn die französische Militärgerichtsbarkeit ändert seine Reiseziele. Seine »Passion ›pour la pucelle‹ sei ihn teuer zu stehn gekommen«, schreibt er als Inhaftierter aus Besançon an seinen Verleger, und einen Brief an seine Frau beschließt er realistischerweise mit den Worten: »wie immer Dein alter Leichtsinn«.

Am 5. Oktober in Domrémy-la-Pucelle am Denkmal der Jeanne d'Arc von Freischärlern verhaftet, wird Fontane unter militärischer Bewachung erst nach Neufchâteau und dann in die hochgelegene Festung Langres, dem Geburtsort Denis Diderots gebracht, wo ihn das Kriegsgericht erwartet. Zwar trifft er unterwegs auf Beamte, die ein gewisses Verständnis haben für die unbehagliche Situation des Gefangenen, doch diese ist nicht nur unbehaglich, sondern in den ersten Tagen auch sehr gefährlich. Unerwartet und unvorbereitet als vermeintlicher Spion im Gewahrsam des Kriegsgegners, dessen Sprache ihm wenig vertraut und dessen juristische Usancen ihm unbekannt sind – eine schwierigere Situation ist für einen preußischen Zivilisten kaum zu denken. Trotz seiner hugenottischen Ahnen ist Fontane nicht so firm im Französischen, wie man vielleicht erwarten sollte und wie es vor allem in seiner Lage dringend notwendig gewesen wäre. Auch wenn die Freunde in Berlin bereits ihre Beziehungen aktivieren, um seine Freilassung zu bewirken, so liegt es doch zuerst einmal am Gefangenen selbst, die Militärjustiz von seiner Unschuld zu überzeugen. Kein einfaches Unternehmen, hatte er doch eine kleine Pistole und einen Stockdegen bei sich und trug unberechtigterweise eine Binde des Roten Kreuzes. Die erste Nacht in Langres ist unruhig, denn der Hinweis des Schließers, am nächsten Tag werde sich das Schicksal des Gefangenen entscheiden, sorgt für beklemmende Ängste; später wird Fontane an seine Frau schreiben, dass in diesen Stunden »das Letzte in aller Lebendigkeit« vor ihm stand. Am Morgen des schicksalhaften Tages setzt er ein Memorandum auf, das seine Unschuld beweisen soll. Und plötzlich steht ihm wunderbarerweise das Französische geläufig zu Gebote: »Woher mir in einer fremden Sprache, die ich stets über Gebühr vernachlässigt habe, die Möglichkeit kam, ohne Diktionär oder sonstiges Hilfsmittel, ein solches Memoire zu schreiben, weiß ich nicht. Oder sag ich lieber: ich weiß es.«

Das Schriftstück tut insofern seine Wirkung, als es für die Militärrichter Fontanes Unschuld erweist, doch die erhoffte Freilassung bleibt aus, und der Schriftsteller wird auf eine Reise der besonderen Art geschickt: die jeweiligen Unterkünfte sind keine Hotels oder Gasthöfe, sondern Gefängnisse unterschiedlichster Qualität und Größe. Die Etappen verlaufen von Besançon im Osten über Rochefort und Marennes zur Île d'Oléron an der Atlantikküste im Westen, und Fontane lernt auf dieser ungeplanten »Expedition« nicht nur viele Gefängnisse, sondern auch viele Menschen kennen und letztere auch schätzen. Sein (Vor-)Urteil über die Franzosen – das er in einem Brief an Emilie behauptet, nicht zu haben – wird er während seiner Gefangenschaft durch Begegnungen mit Angehörigen des Militärs und mit Wärtern revidieren. Interessanterweise macht erst die Zeit in den Gefängnissen seinen Blick frei für die Menschen im Heimatland seiner Vorfahren und verändert seine Haltung gegenüber dem westlichen Nachbarn.

Abb. S. 86: Denkmal der Jeanne d'Arc in Domremy

Das erste intensivere Zusammentreffen mit französischen Bürgern findet in Domrémy statt und ist mitnichten der Beginn einer wunderbaren Freundschaft. Die Franktireurs, teilweise alkoholisiert, verkörpern die aufgeputschte patriotische Volksseele gegenüber dem vermeintlichen preußischen Spion und dürften wohl nicht die angenehmsten Zeitgenossen gewesen sein – in Kriegszeiten kaum verwunderlich. Doch auf seiner »Tour de France« trifft Fontane auf unterschiedlichste Vertreter der Staatsmacht, die bis auf wenige Ausnahmen höflich sind und freundlich, zuweilen sogar freundschaftlich. Schreibt Fontane noch Anfang Oktober an seine Frau aus Toul, er verfasse den Brief – wie immer – an einem Wackeltische, denn alle Tische in Frankreich scheinen ihm so »wackelig« zu sein wie die Nation selbst, werden seine Aussagen über Land und Leute nach der Gefangennahme zunehmend positiver. Und später wird er in seinem Erinnerungsbuch *Kriegsgefangen* schreiben, er habe die allerangenehmsten Eindrücke gehabt von Soldaten wie Zivilpersonen, und er könne sich keine Nation denken, die imstande wäre, durch ihre Repräsentanten ein günstigeres Urteil hervorzurufen. Dieses Buch, in der *Vossischen Zeitung* bald nach Fontanes Rückkehr vorabgedruckt, zeichnet insgesamt ein derart freundliches Bild von den Franzosen, dass der junge Leutnant George Fontane, etwas enttäuscht von den Texten des Vaters, die Missbilligung seiner Kameraden übermittelt.

Der Autor selbst ist über die kritische Rezeption seines Werkes nicht erstaunt, denn vorsorglich warnt er seinen Verleger im Dezember 1870, dass die Leute »eine haarsträubende Räubergeschichte mit Hungerturm und Kettengerassel« erwarten, die er aber weder liefern könne noch wolle. Abgesehen von den Bedrückungen der ersten Tage erscheint ihm die Gefangenschaft im Rückblick eher als ein unerwartetes Idyll, das keine Sensationen zu bieten hatte – zumindest nicht solche, nach denen das Publikum giert. Dabei war es in der damaligen politischen Situation durchaus sensationell, von dem humanen Kriegsgegner zu lesen. Bekannte Fontanes, die beim Militär sind, werden ihm später sagen, von den Preußen wäre er in vergleichbarer Situation vermutlich erschossen worden.

Seine ungeplante Reise durch Frankreich führt Fontane auf allerlei Umwegen ans Meer, und allein das versöhnt ihn ein wenig mit den Widrigkeiten, die er als Gefangener zu erdulden hat. Meistens waren die Gefängnisse Zitadellen, die als Befestigungen hoch über dem Land lagen, das sie schützen sollten. Vielleicht hätte es dem Hobby-Historiker Fontane gefallen, dass zwei seiner Haftanstalten seinerzeit von dem berühmten Festungsarchitekten Sébastien Le Prestre de Vauban entworfen wurden – sowohl die Zitadelle von Besançon wie die von Oléron entstanden auf dessen Zeichenbrett. In Moulins ist der Kerker in einem Donjon, dem Überrest der Residenz der Herzöge von Bourbon nahe der Kathedrale untergebracht – inzwischen ein Museum. Das Gefängnis in Guéret ist noch heute im bestimmungsgemäßen Gebrauch. Gleiches gilt für die *Maison d'arrêt* in Rochefort, wo an Besuchstagen viele Menschen auf Einlass warten. In beiden Gefängnissen – darauf wird beruhigend hingewiesen – haben keine Hinrichtungen stattgefunden; die Guillotine war andernorts aktiv.

Bereits in Rochefort ist das Meer zu ahnen, denn die Stadt, obwohl nicht direkt an der Küste gelegen, hat einen Hafen, in den auf der Charente die Schiffe einlaufen können. Fontane registriert Briggs und Dreimaster, was seiner Stimmung beträchtlich aufhilft. Denn wie er später an seinen Sohn schreibt: »An der Küste hin schmeckt alles nach England, Skandinavien und Handel [...]«, und das macht die Attraktivität einer Landschaft oder eines Ortes für den »Nordlandmenschen« aus und kompensiert sogar ein wenig die Beschwernisse des Gefangenendaseins. In Rochefort kommt für Fontane noch eine weitere Erleichterung hinzu – der Gefängnisdirektor quartiert ihn in das Zimmer des abwesenden Sohnes ein, statt ihm eine ungemütliche Zelle zuzuweisen. Der junge Mann wurde eingezogen, und Fontane beschreibt die anrührende Szene, in der die Väter friedfertig beieinander sitzen und sich über das fragwürdige Schicksal austauschen, das den einen Sohn *in*, den anderen *vor* Paris stationiert hat. Die Absurdität des Krieges, zugleich aber auch die – unerwartete – Menschlichkeit in solchen Zeiten verdeutlicht Fontane in einem Satz!

Bevor die Gefangenen ihr Ziel Oléron erreichen, wird noch einmal Station gemacht: das Gefängnis in Marennes nimmt sie auf, das bis 2007 auch den Gerichtshof beherbergte. Heute liegt das Gebäude relativ verwunschen hin-

Abb. S. 91:
Saint-Agnant –
Église Notre-
Dame de Bon
Secours

ter hohen Gittern, der Zugang, ein Kiesweg, ist leicht überwachsen, nur die Waage der Justitia hoch über dem Eingang verweist auf frühere Funktionen, die in der idyllisch anmutenden Örtlichkeit fern zu liegen scheinen. Je weiter Fontane in den Westen kommt, umso freundlicher und an »grenzüberschreitender« Kommunikation interessierter sind die Menschen – was schon der Kommandant der Zitadelle von Besançon vorhergesagt hatte. Hier sind nicht nur die Grenzen zwischen Gefangenem und Wärter (wie in Langres oder Besançon) aufgehoben, sondern auch die zwischen Kriegsgegnern, die sich aber zum Gedankenaustausch an einem scheinbar neutralen Ort treffen. Oder wie Fontane schreibt: »In solchen Momenten wiegt nicht das, was trennt, sondern nur das, was verbindet.« Der Ruf, den der Schriftsteller nach seiner Rückkehr in Berlin für kurze Zeit genießt, das »nine days wonder« zu sein (so in seinem Tagebuch), den hat er für die Honoratioren der jeweiligen »Gefängnisstädte« ebenfalls. Schon in Guéret gaben sich die Herren der Gesellschaft die Klinke in die Hand, um ihn zu besuchen, und ähnlich ist es auch in Marennes, wo ihn der Sous-Präfekt begrüßt und der Bürgermeister ihm von seiner Gefangenschaft bei den Preußen erzählt, die ihn beinahe erschossen hätten, da auch er ähnlich wie Fontane hinter Feindeslinien geraten war.

> »In solchen Momenten wiegt nicht das, was trennt,
> sondern nur das, was verbindet.«

So lästig die Situation eines gefangenen »Officier superieur« auch sein mochte – die Aussicht, ans Meer zu kommen, versöhnt Fontane ein wenig mit den Widrigkeiten. Und noch eine Erfahrung macht er in der Gefangenschaft: Er lernt die einfachen Dinge schätzen, die allein zur Kenntnis zu nehmen früher unter seiner Würde war – geschweige denn, dass er so niedrige Tätigkeiten wie das Mahlen von Kaffeebohnen übernommen hätte. Auf dem Weg von Marennes an die Küste wird wieder Station gemacht, und zwar in Saint-Agnant (nicht St. Agnair, wie Fontane schreibt), wo er in einem Gasthaus, das ihn an eine spanische Posada erinnert, die Kurbel der Kaffeemühle dreht. Die Assoziation mit Spanien mag von der Kirche des Dorfes herrühren, die an

Abb. S. 93 oben:
Oléron – Fes-
tungsmauer der
Zitadelle;
unten:
Oléron – Ein-
gangstor zur
Zitadelle

ein iberisches Gotteshaus erinnert. Dann aber endlich das Meer, Oléron, die Zitadelle, hoch über den Wellen des Atlantiks aufragend. Der Kommandant begrüßt ihn, als sei er ein geschätzter Gast des Hauses, und mit beinahe prophetischer Gabe weissagt er Fontane: »[...] ich sehe die Tage heraufziehen, wo Sie die Gefangenschaft auf der Île d'Oléron segnen werden; Sie werden einen guten Stoff gewinnen und Ihr zukünftiger Biograph einen noch besseren.« Fontane dürfte sich geschmeichelt gefühlt haben, war doch an eine Biografie kaum zu denken, da er zu jener Zeit zufrieden sein durfte mit knappen Erwähnungen in Literaturgeschichten. Zumindest der gute Stoff würde ihm ein gutes Honorar als eine Art Schmerzensgeld bescheren, und so begann er schon auf Oléron mit der Arbeit.

»[...] ich sehe die Tage heraufziehen, wo Sie die Gefangenschaft auf der Île d'Oléron segnen werden.«

Ein wenig erstaunt es, dass der Historiker Fontane nur kurz auf die politische Bedeutung der Insel in vergangenen Jahrhunderten eingeht. Zwar beschreibt er knapp die militärische Rolle Oiérons in den Kriegen gegen Napoleon I., doch die Tatsache, dass nicht nur Oléron, sondern auch und vor allem das an der Küste gegenüberliegende La Rochelle für die sich im 16. Jahrhundert entwickelnden hugenottischen Gemeinschaften zentrale Positionen einnahmen, bleibt in Fontanes Darstellung nahezu unberücksichtigt. Dabei hätte er doch an Orten, die eng mit der gesellschaftlichen Emanzipation seiner protestantischen Vorfahren verknüpft waren, sich eigener Traditionen versichern können und dies umso mehr, als für ihn Historisches häufig gerade durch das sinnliche Erleben der jeweiligen Lokalität erzählbar wurde. Zumindest schaut er bei seinen Spaziergängen auf den Remparts zur Küste hinüber und genießt die frische Meeresbrise, die im November nicht selten zum Sturm wird. Doch in seiner Fantasie ist es nicht die Küste Aquitaniens, auf die er schaut, sondern sein poetischer Sinn lässt vor allem bei nächtlichen Wanderungen auf der Festungsmauer die Erinnerung an Helsingör und Hamlet erstehen – nur ein Geist erscheint ihm nicht.

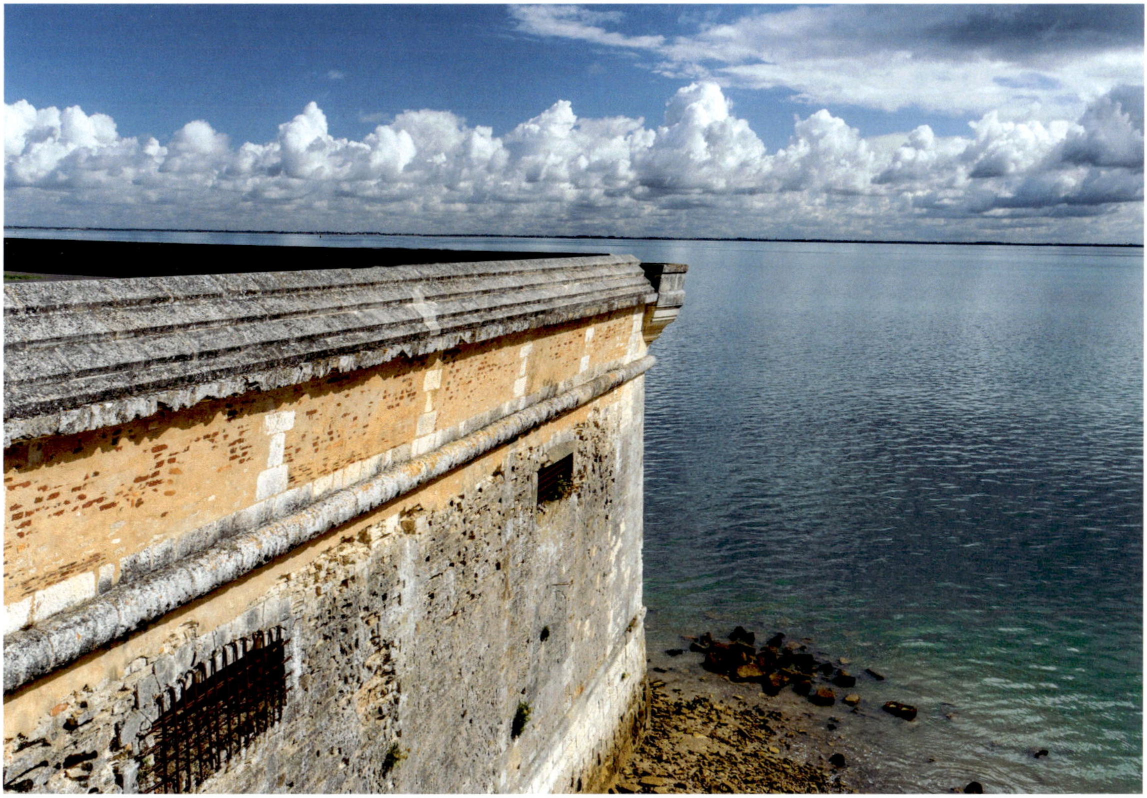

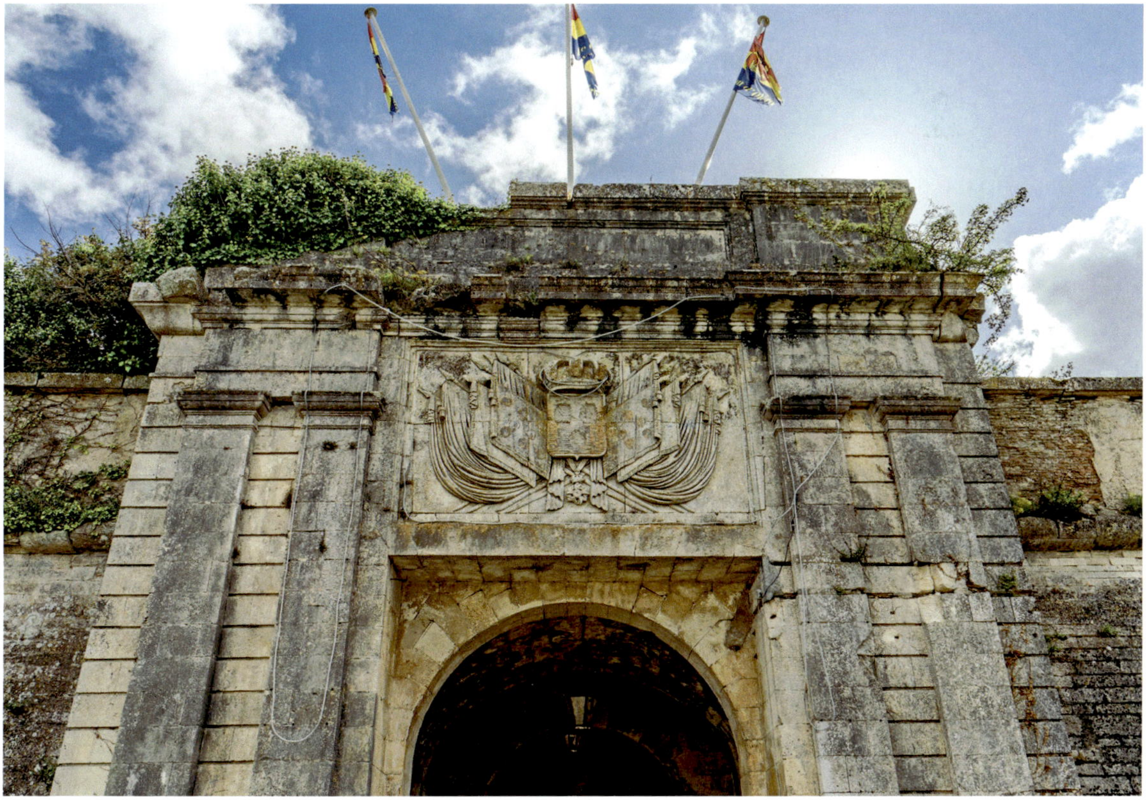

94

Abb. S. 94:
Bazeilles – kämpfende Soldaten im
»Haus zur letzten
Patrone«

Nach fast zweimonatiger Gefangenschaft kehrt Fontane im Dezember 1870 nach Hause zurück und beginnt gleich mit den Planungen einer erneuten Frankreichreise. Da er, so in einem Brief an seine Frau, Bücher nicht aus Büchern macht, sondern möglichst viel von Städten und Landschaft selbst in Augenschein nehmen will, muss er wieder zum westlichen Nachbarn aufbrechen, um die Schlachtfelder zu inspizieren, damit er seinen Buchvertrag mit Decker über den Deutsch-Französischen Krieg erfüllen kann. Auch diese Recherchefahrt ist nicht völlig ungefährlich! Auf Napoleon III. folgte die III. Republik, die sich ihrerseits weniger mit Konflikten nach außen – mit Deutschland wurde im Februar ein »Vorfrieden« abgeschlossen – als mit denen im Inneren, mit dem Aufstand der *Commune* auseinandersetzen musste. Inzwischen wütet der Bürgerkrieg, und Fontane wird dieses Mal Paris nur von den Höhen bei Saint-Denis aus sehen können. Anders als bei seiner ersten Frankreichtour reist Fontane jetzt von West nach Ost, wobei er nicht nur seinen militärischen, sondern auch seinen kunsthistorischen Interessen nachgeht.

Will man die Besichtigungsschwerpunkte des Schriftstellers kategorisieren, so könnte man sie in »Profanes« und »Sakrales« unterteilen, oder wie Fontane in seinem Buch *Aus den Tagen der Okkupation* schreibt: er werde den geneigten Leser »ebensosehr auf Kathedralen- wie Schlachtengrund zu führen haben«. Die Besichtigung der Schlachtfelder unternimmt Fontane in sicherer Hut, häufig begleitet von hohen Offizieren, deren Expertise für seine spätere Arbeit hilfreich sein wird. Auch wenn die Schlachten inzwischen geschlagen sind, sieht er doch bei seinen Exkursionen die schrecklichen Spuren des Krieges, die zerstörten Ortschaften und die verwüsteten Wälder und Felder. Seine Schilderung des völlig verheerten Bazeilles lässt Mitgefühl, aber auch Verständnis für militärische Notwendigkeit erkennen. Heute erinnert nur noch das Museum »Maison de la dernière cartouche« (»Zur letzten Patrone«) an die Ereignisse. Sein »Standquartier« für diesen Reiseabschnitt ist Sedan, und eine Besichtigung des Schlachtfeldes, auf dem der für den weiteren Kriegsverlauf entscheidende Sieg errungen wurde, gehört natürlich auch zum Programm. Und dazu gehört ebenfalls, all jene Örtlichkeiten in Augenschein zu nehmen, die mit Napoleon III. und dessen Kapitulation in Zusammenhang stehen, wie zum Beispiel das Haus des Webers in Donchery, in dem Bismarck und der Kaiser zusammentrafen. Trotz seiner Leidenschaft für Historisches ist der Wanderer aber sehr viel stärker beeindruckt von der Begegnung mit Waisenkindern, Opfern des Krieges, zu denen ihn ein Curé bringt und die ihn zu Tränen rühren. Die Achtung menschlicher Schicksale, die generelle Empathie für jene, die in Kriegszeiten auf der gegnerischen Seite stehen, machen das Besondere in Fontanes Büchern über Frankreich aus. Sie zeigen, dass ein Autor Patriot und Humanist gleichermaßen sein kann – eine zu jener Zeit nicht unbedingt übliche Kombination.

Im Gegensatz zu vielen anderen Autoren militärischer Bücher hat er immer die Menschen im Blick, die derart schwere Zeiten überstehen müssen. Das wird auch deutlich, wenn er über die Holzkreuze und Grabsteine für die Gefallenen schreibt, die ihn mehr Mitgefühl als Patriotismus empfinden lassen. Zu dieser Einstellung dürfte zum einen seine Dankbarkeit beitragen, dass sein Sohn George den Feldzug unbeschadet überstanden hat, zugleich gedenkt er aber auch der vielen Familien aus seinem Bekanntenkreis, die Tote zu beklagen haben. Allein an der Straße zwischen Mars-la-Tour und Gravelotte finden sich noch heute zahlreiche Gedenksteine, die in der ländlichen Stille den blutigen Anlass für ihre Errichtung zwar nicht vergessen lassen, ihn aber in eine pastorale Idylle zu verdrängen scheinen. Ebenfalls aussagekräftig, aber sehr viel mächtiger ist der Soldatenfriedhof in Gravelotte, dessen unzählige Gedenktafeln den militärischen Schrecken nachdrücklich vor Augen führen. Gegenüber wurde ein Museum eröffnet für all jene, die mehr wissen wollen über eine militärische Auseinandersetzung, deren Folgen lange das Verhältnis der Völker diesseits und jenseits des Rheines belasteten. Fontanes Anteilnahme gilt französischen wie deutschen Opfern des Krieges gleichermaßen, und immer finden sich in seinen Büchern Passagen, die nicht nur den kämpfenden Krieger, sondern ebenso den verletzten, leidenden Soldaten beschreiben.

Man erkennt in dem letzten militärhistorischen Werk Fontanes sein Bestreben, Fairness walten zu lassen. Er verwendet zahlreiche Quellen unterschiedlichster Art, dabei deutsches wie ausländisches Material gleichermaßen nutzend. Das multiperspektivische Bemühen um Objektivität und Gerechtigkeit – auch wenn natürlich der Erfolg preußischer Militäraktionen im Vordergrund steht – ist hingegen bei den deutschen Kriegshistorikern verständlicherweise kaum zu finden. Vielleicht wäre eine gemeinsame Fontane-Lektüre diesseits wie jenseits der Grenze einer Minderung der »Erbfeindschaft« zuträglich gewesen! Zu Beginn der Kämpfe beklagte Fontane in einem Brief an seine Frau französische Superioritätsgefühle, die mit verantwortlich gewesen seien für den Tod von Tausenden. Nach drei Kriegen aber hofft er auf die Vernunft der Regierenden; in dem »Einzugslied« von 1871 lässt er

Friedrich den Großen von seinem Denkmal in Berlin hinab feststellen: »Bon soir, Messieurs, nun ist es genug.« Das ist ein anderer Ton als noch in den Einzugsliedern der beiden vorausgegangenen Kriege.

Die besondere Qualität von Fontanes Büchern, seine Gabe, die Vielfalt des präsentierten Materials zu einer lebhaften Darstellung zu verdichten, zeigt sich exemplarisch in der Differenz zu zwei Werken, die seinerzeit größeren Erfolg hatten, weil sie populäre Erwartungen erfüllten. Zum einen ist das das Buch von Helmuth Graf von Moltke zu nennen, Chef des Generalstabes und verantwortlich für die strategische Planung der drei Einigungskriege. Moltke beschreibt sachlich und knapp den Verlauf des Krieges 1870/71 zumeist aus preußisch-deutscher Sicht, wie es anders für einen Berufsoffizier auch kaum möglich gewesen wäre. Aber in seiner Darstellung gibt es nur Kampfhandlungen, Gefechte, Vormarsch oder Rückzug – Persönliches und Einzelschicksale, die den Lesern nicht nur patriotische Hochgefühle, sondern auch Mitgefühl vermittelt hätten, fehlen. Das ist insofern verständlich, als der oberste Stratege natürlich immer das große Ganze im Blick behalten musste. Und da Moltke als militärischer Heros neben dem politischen Helden Bismarck steht, gab es zu seinen Schriften keine Konkurrenz. Ganz anders das Buch von Fontanes Kollegen Ludwig Pietsch *Von Berlin nach Paris*. Als »embedded jounalist« begleitet er das preußische Heer und renommiert mit seinen engen Beziehungen zu höchsten Militärs- und Adelskreisen. Er schwenkt permanent die nationale Fahne und spart auch nicht mit Invektiven gegen den Kontrahenten; ohne Bedenken bedient er die chauvinistischen Erwartungen seiner Leser. Einmal spricht er – eine Schlacht beschreibend – von dem fröhlichen Kesseltreiben, das Jäger veranstalten, wobei ihn die Franzosen an Hasen erinnern. Dem Hurrageschrei von Pietsch und anderen Zeitgenossen kann und will Fontane in seinen Texten keinen Platz einräumen. Im Gegenteil!

Für das Publikum damals (und noch heute) ist es interessant, dem Wanderer durch die Mark nicht nur als »Schlachtenbummler« in Frankreich zu folgen, sondern auch als »Kulturbummler«, denn auf seiner Osterreise widmet sich Fontane dem für ihn mindestens ebenso wichtigen Interessengebiet »Kunst, Architektur und Literatur«. In Frankreich meint das für ihn vor allem die gotischen Gotteshäuser, was aber auch eine Wanderung zu Dumas Père et Fils nicht ausschließt. Und nicht zuletzt erfährt man etwas von den kulinarischen Genüssen, die Frankreich für Fontane besonders lebenswert machen und bei denen er – ausnahmsweise – kaum Vergleiche zieht zu Preußen oder zu England. Es sind sieben Kathedralen, die Fontane besucht und die ihn außerordentlich beeindrucken, wobei er eine Art »Rangliste« erstellt. Ganz oben rangieren für ihn die Gotteshäuser von Amiens und Reims, dicht gefolgt von Rouen. Saint-Denis zeichnet sich vor allem als Grablege der französischen Könige aus, ist aber als solche nicht mehr zu besichtigen, da während der Revolution die Sarkophage geöffnet und geplündert wurden. Einen kurzen Besuch stattet Fontane noch der Kathedrale Saint-Jacques in Dieppe ab, um am Ende der Reise voller Bewunderung auch die Kirchen in Metz und Straßburg anzuschauen.

Die Wahrnehmung einer neuen Umgebung, die Beurteilung von Land und Gesellschaft geschieht bei Fontane sehr häufig im Vergleich. Er nimmt Bekanntes und Vertrautes als Folie, um darauf das Unbekannte gewissermaßen zu evaluieren. Nicht selten wird Preußisch-Brandenburgisches, aber auch Englisches als Hintergrund bemüht, um den aktuellen Vordergrund zu

erhellen. Besonders signifikant wird dies bei Amiens, am Ufer der Somme in der Picardie gelegen. Fontane sieht die Stadt in Hinblick auf ihre spezifische »Gemüsekultur« in Konkurrenz zum Spreewald, da in Amiens – ähnlich den »Fließen« um Lübbenau – mit den »Hortillonnages« ein Anbaugebiet für unterschiedlichste Gewächse mitten im Wasser entstanden ist. Anders aber als im Spreewald, dessen wichtigstes landwirtschaftliches Produkt die Gurke ist – natürlich auch von Fontane intensiv gerühmt – bietet das »Wasserquartier« an der Somme eine Vielfalt an Gemüsesorten.

»Ein Atheist sollte Mühe haben, hier standzuhalten.«

Was aber Amiens für den Kulturwanderer Fontane einzigartig macht, ist die Kathedrale, deren gotische Opulenz er geneigt ist über die der anderen französischen Kathedralen zu stellen. Zu seiner fast enthusiastischen Aussage über die Kirche trägt vielleicht auch ein Zitat bei, das er dem von ihm bewunderten Napoleon I. zuschreibt. Dieser habe beim Betreten des Gotteshauses gesagt: »Ein Atheist sollte Mühe haben, hier standzuhalten«. Es ist allerdings unklar, woher Fontane die Kenntnis des Zitates hat, denn ein Geistlicher, der 1803 Napoleon in der Kathedrale erlebte, notiert das Kaiserwort knapper und weniger feierlich: »Ein Atheist würde sich hier unwohl fühlen.« (»Un athée serait mal ici.«) Das Urteil des Kaisers, dem Helden seiner Knabenzeit, möchte Fontane nicht hinterfragen, doch scheint es ihm als eine Art Maßstab bei der Würdigung der anderen Gotteshäuser zu dienen, die er »kirchenlustig und kathedralentapfer« auf seiner Frankreichtour besichtigt.

Die Basilika von Amiens übertrifft – so Fontane – alle anderen großen Kathedralen durch ihre mächtige Gesamtwirkung, die im Inneren durch großartige »Einfachheit und Einheitlichkeit« gekennzeichnet ist. Mächtig streben die starken Pfeiler in die Höhe, und durch die Fenster oben im Mittelschiff erhält der riesige Bau sehr viel Licht, was die Schwere des Steines zu vermindern scheint. Die architektonische Simplizität ist es, die Fontane beeindruckt und die er in der französischen Krönungskirche in Reims

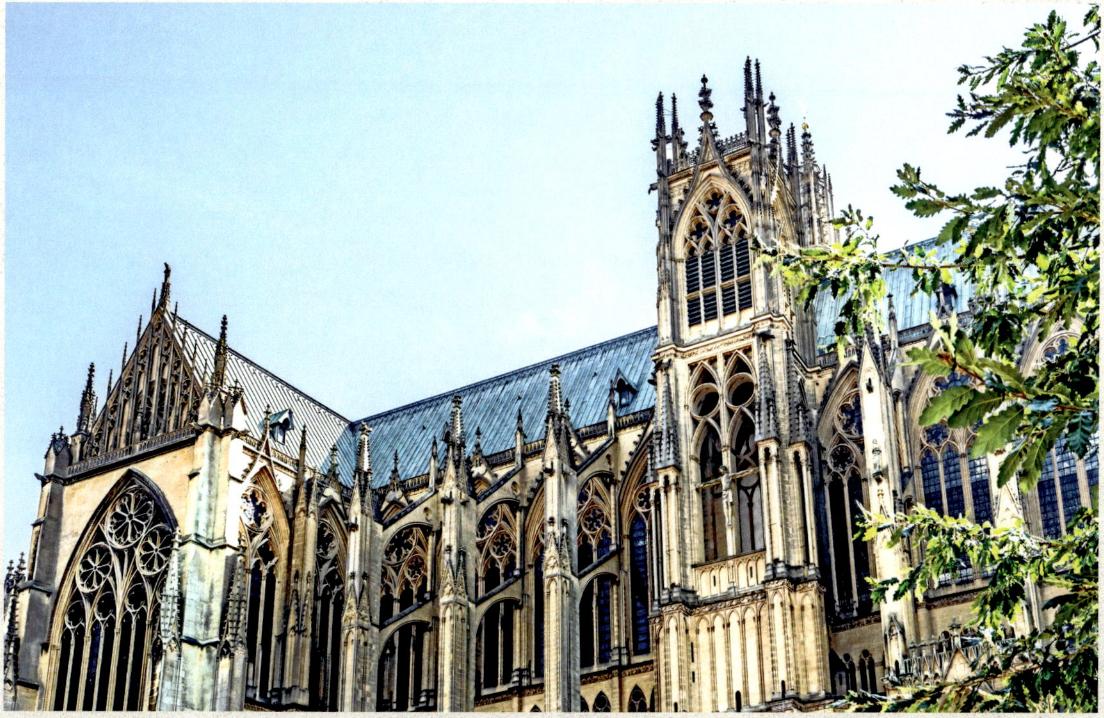

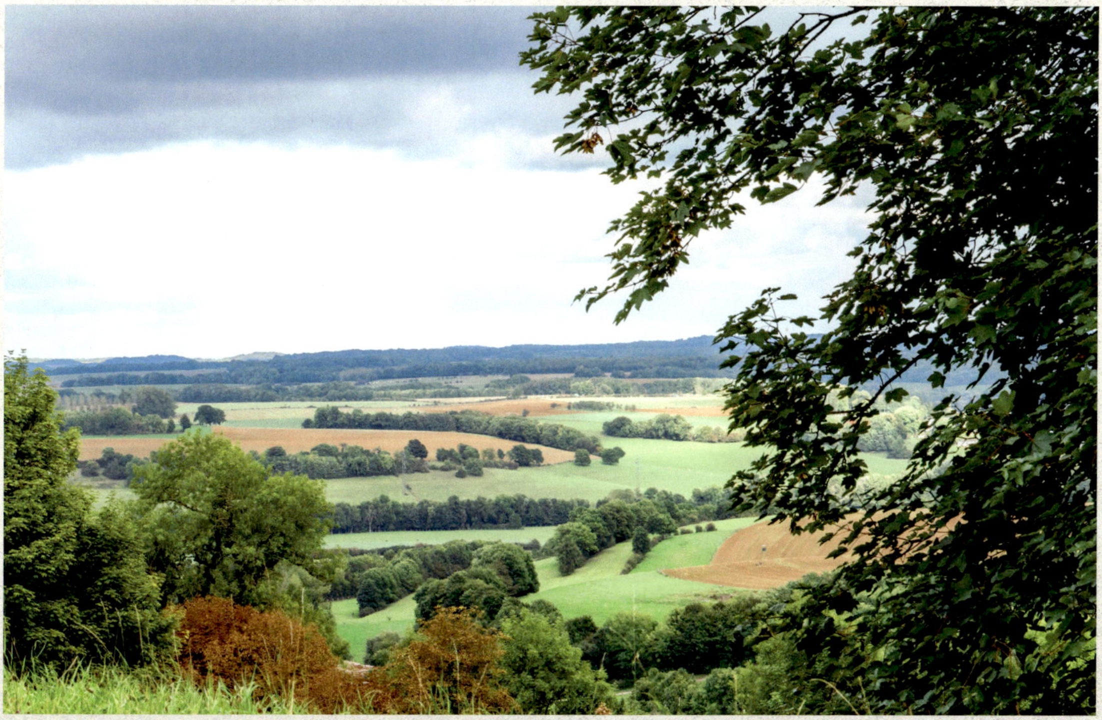

vermisst. Diese Kathedrale ist zwar »vielberühmt«, doch sie kann auf den kritischen Betrachter keinen Zauber ausüben, ist doch ihr innerer Aufbau »viel zu schwer und massig«. Vor allem aber, und das wird immer am schärfsten von Fontane moniert, fehlt in Reims der »historische Reiz«. Um das Gesehene angemessen im historischen Kontext und in seiner poetischen Vorstellungskraft würdigen zu können, braucht Fontane immer etwas, woran sich die Vorstellung anlehnen kann und wodurch die Fantasie unterstützt wird. Ein bloßes »das geschah hier« reicht dem dichtenden Historiker nicht. Und so verlässt er die Kathedrale enttäuscht. Aber da er gegenüber im »Lion d'Or« wohnt, der ihm sehr gefällt, behält er die Kirche immer im Blick. Das so günstig gelegene Hotel wurde 1918 durch ein Bombardement zerstört.

Die Kathedrale von Rouen hingegen schätzt er höher – vielleicht weil sie so eng mit der Jungfrau aus Domrémy verbunden ist. Immerhin ist Rouen in seiner Fantasie umwabert vom Rauch und von den Flammen des Scheiterhaufens, auf dem Johanna den Feuertod starb. Ausnahmsweise hat Fontane einen Stadtführer engagiert, und als dieser ihm, der hungrig von der Kathe-

dralbesichtigung ist, als nächstes Ziel das Hôtel de [Fontane schreibt »du«] Bourgtheroulde vorschlägt, freut Fontane sich auf ein gutes Essen. Doch dieses Hôtel ist ein Herrenhaus, dessen historische Bedeutung, in Relation gesetzt zu seiner interessanten Architektur, nur Anspruch auf besondere Würdigung hätte, stünde es an Havel oder Spree – der märkische Wanderer kann wieder einmal das Vergleichen nicht lassen. Heute allerdings wäre Fontane zufrieden, denn das Palais wurde inzwischen in ein luxuriöses Hotel umgewandelt.

Anders als bei seiner ersten Frankreichreise, wo die jeweiligen Unterkünfte von Staats wegen »gebucht« wurden, muss sich Fontane während seiner Osterreise selbst um ein Quartier kümmern – und das ist nicht immer leicht, da er überall in Konkurrenz steht zu den Vertretern des deutschen Militärs. Insgesamt aber sind Fontanes Hotelerfahrungen auf seiner Osterreise recht positiv. Es verwundert nicht, dass die Beschreibung seines Aufenthaltes in Dieppe besonders enthusiastisch gerät, denn hier an der Küste – das geliebte England scheint zum Greifen nah – hört er den Seewind und die Brandung

---

---

und genießt »das natürliche Gewächs des Meeres, die Auster«. Obendrein hat er das Vergnügen, im besten Haus am Ort abgestiegen zu sein: im »Hôtel Royal«, direkt an der Promenade gelegen, das Fontane vor allem deshalb schätzt, weil es die Qualitäten von Hotels jenseits des Kanals wie z. B. in Brighton und Hastings aufweist, nämlich Sauberkeit und Akkuratesse. Übrigens gibt es das Haus heute noch, inzwischen zu Ferienwohnungen umgebaut.

In Dieppe ist dem Reisenden ein besonderer Besuch wichtig: Im Dezember 1870 war Alexandre Dumas père im Hause seines Sohnes in Puys (damals Puits) gestorben, und Fontane möchte zum Grab des prominenten Romanciers. Dieser wurde – nicht zuletzt wegen der Kriegswirren – vorläufig an der kleinen Kirche Saint-Aubin de Neuville-lès-Dieppe beerdigt, später dann in seinen Geburtsort überführt, um zuletzt seine Ruhestätte im Pariser Pantheon zu finden. Der Friedhof scheint inzwischen aufgelöst, aber die Église Saint-Aubin gibt es noch und ein Café gegenüber auch. Nachdem Fontane dem französischen Kollegen die gebührende Reverenz erwiesen hat, lässt er sich den Weg zeigen zur Villa von Dumas fils, die hoch über der Küste am Rande einer Ansiedlung von Chalets liegt (im Zweiten Weltkrieg zerstört). Ein wenig enttäuscht ihn das Gebäude, da es ihm für einen Poeten zu nüchtern erscheint, doch eine Begegnung mit Dumas – den er nicht anzusprechen wagt – beeindruckt Fontane nachhaltig.

Während er noch das Haus zeichnet, sieht er ein »distinguiertes Paar« herankommen und auf die Villa zuschreiten – er ein stattlicher Herr, sie eine elegante Dame. Der Mann unverkennbar ein Dumas, »kein blondlockiger Poet«, sondern einer, der den »Doppelstempel von Mut und Genie« trägt.

Abb. S. 104:
Dieppe – Villa von Alexander Dumas d. J.;
Abb. S. 105:
Dieppe – Hotel Royal

Auch in Dieppe warten mehrere Kirchen darauf, angeschaut zu werden. Am meisten schätzt Fontane Saint-Jacques de Dieppe, die für ihn einen gewissen Kathedralencharakter hat. Am Ende seiner »Kirchentour« steht Metz mit der Kathedrale Saint-Étienne, die Fontane intensiv besichtigt, während er ganz zum Schluss das Straßburger Münster nur kurz ansieht. Es erstaunt, dass er der riesigen Bischofskirche in der lothringischen Hauptstadt keine ausführlichere Darstellung widmet – vielleicht war er aber nur »kathedralenmüde«. In Metz findet Fontane Unterkunft in einem Hotel, das heute noch steht: das *Grand Hotel de Metz* in der Rue de Clercs, also mitten im Stadtzentrum, dürfte zu seiner Zeit vielleicht etwas komfortabler gewesen sein.

Auf seiner zweiten Frankreichtour kann Fontane noch eine andere positive Erfahrung machen, die seinem Wohlbefinden sehr zuträglich ist. Die Gefängniskost auf der ersten »Reise« präsentierte sich sehr frugal, was natürlich den Vorgaben der Justizverwaltung geschuldet war. Nach deren Vorschrift gab es am Tag 750 g Brot und einen Liter sehr dünne Kartoffelsuppe ohne sättigende Einlage, doch selbst diese kärglichen Rationen wurden nicht immer eingehalten. Fontane hatte sich diesen Regularien zu unterwerfen, auch wenn er zuweilen durch die mitleidige Freundlichkeit des Gefängnisleiters verwöhnt wurde – wie beispielsweise in Langres mit einer prachtvoll-appetitlichen Taube. Diese bewundert er vor allem deswegen, weil sie im Gegensatz zu dem »Sperlingsbraten«, den man in Berlin gemeinhin serviert, von erlesener Qualität ist. Dazu wird ein guter Wein ausgeschenkt, der, reichlich genossen, den Frieden und die Freiheit nahe scheinen lässt – ein gutes Mahl von harmoniestiftender Kraft. Doch derartige Erlebnisse sind hinter Gittern natürlich selten! Obwohl Fontane später für seine Beköstigung selbst zahlen musste, bestanden seine Mahlzeiten auf Oléron meistens nur aus zähem Rindfleisch, mit Salzkörnern dekorierten Kartoffeln und einem sehr mäßigen Landwein.

SCHALLER
26,50 €
le kg
Omble
Élevé au Pays-Bas
SCHALLER
25,95 €
Sole Portion le kg
SCHALLER
9,85 €
SCHALLER
24,50 €
Sandre le kg
SCHALLER
15,80 €
le Kg
7
SCHALLER
12,50 €
SCHALLER
Seiche
Pêche en Atlantique Nord-Est
1

Da Fontane auf seiner Osterreise die Menüs mehr oder minder nach ei- Abb. S. 106
genem Geschmack wählen kann, trägt dies nicht wenig zu seiner positiven Meeresfrüchte
Einstellung zum westlichen Nachbarn bei. Als jemand, der – obwohl mitnichten an französischen
der Völlerei zugetan – »nicht für halbe Portionen« ist, wie er gegenüber seiner Markständen
Tochter 1884 feststellt, gehört eine köstliche Mahlzeit zu den kulturellen Es-
sentials. Denn »die Verpflegungsfrage ist für den Kulturmenschen eigentlich
das Wichtigste [...]«, schreibt er zehn Jahre später ebenfalls an Mete, und da
stimmt der Hugenotte mit den kulinarischen Prinzipien des Landes seiner
Vorfahren völlig überein. Leider impliziert die Unterkunft in einem Hotel
in der Regel die Art der Verpflegung, denn es ist üblich, die Mahlzeiten an
der Table d'hôte, also an der für alle Gäste gleichermaßen gedeckten Tafel
einzunehmen. Nicht nur in Frankreich ist Fontane diese Gewohnheit lästig,
da zum einen allen Gästen das gleiche Menü serviert wird und zum anderen
nicht immer muntere Gespräche entstehen. Eine Ausnahme erlebt er in Bitsch
(frz. Bitche), wo es an der Tafel eine lebhafte Konversation »aller deutschen
Stämme« gibt – vertreten durch die dorthin geschickten Beamten – und wo
das Menü geradezu formidabel ist. Fontane scheint so beeindruckt, dass er
die sieben Gänge aufzählt: von Suppe über Hammel, Kalbsbries, Kapaun und
Salat bis hin zu mehreren Nachspeisen. Zwar war ein derartiges Angebot für
Frankreich normalerweise üblich, doch in dem völlig zerstörten lothringischen
Festungsort nahe der deutschen Grenze nicht unbedingt zu erwarten.

> *»Die Verpflegungsfrage ist für den Kulturmenschen*
> *eigentlich das Wichtigste [...]«*

Wenn dann der Reisende in Sedan auf eine »humoristische Exzellenz«,
also einen ranghohen Offizier trifft, der kulinarische Ratschläge gibt – der
Gourmand empfiehlt gebackene *Boudins* (Blutwürste) – , dann ergibt sich ein
interessantes Gespräch über die französische Küche, deren Vorrangstellung
von den beiden Deutschen anerkannt wird. Sein schönstes französisches »Ess-
erlebnis« aber hat Fontane in Dieppe, wo er direkt am Meer seiner Vorliebe für
Austern frönen kann – an diesem Ort gewissermaßen eine kulinarische Pflicht.

Abb. S. 109:
Denkmal für die
Gefallenen der
Kämpfe von 1870

Er zeigt seine Weltläufigkeit, indem er die ihm servierten Austern einordnet zwischen den großen holsteinischen und den kleinen Whitstables, die er in England genießen konnte. Natürlich gibt es dazu den trockenen Chablis aus Burgund.

Mit den autobiografischen Erinnerungen und der umfangreichen Darstellung des Deutsch-Französischen Krieges hatte Fontane das Thema Frankreich sozusagen »ausgeschrieben«. In seinen späteren Romanen tritt selten eine Person mit französischem Hintergrund auf; dieser spielt nur bei dem Pariser Kommunarden Camille L'Hermite in *Quitt* eine Rolle, da dessen kämpferische Aktivitäten im Bürgerkrieg sein weiteres Schicksal bestimmten. Bei Melanie van der Straaten, Nachfahrin von Genfer Hugenotten und Haupt- wie auch sinnbildliche Titelfigur in *L'Adultera*, hat ihre Herkunft wenig Einfluss auf ihr Leben und ihr Schicksal. Nachdem Theodor Fontane seine Frankreicherfahrungen literarisch verwertet hat, wird er erst sehr viel später seine Kolonie-Herkunft, seine südfranzösische Abstammung stärker reflektieren. An den Kritiker Paul Schlenther schreibt er 1890, nachdem dieser ihn einen Neuruppiner wie auch einen Franzosen genannt hat, dass der Franzose im Alter bei ihm stärker herauskomme. Nach Frankreich aber reist er nicht mehr.

Kapitel 5

Freiheit und Hochzeitsreisen

oder *Zwischen Rheinfall und Blauer Grotte – Fontane, die Schweiz und Italien*

Die Schweiz ist Freiheit und Wilhelm Tell – zumindest lautet so die emotionale Erkenntnis Fontanes, als er im Dezember 1870, aus französischer Kriegsgefangenschaft entlassen, die Schweizer Grenze in der Eisenbahn überquert und aus tiefstem Herzen sagen kann: Frei. Denn die Freiheit kann er vom Abteilfenster realisieren, als der Zug an einem Haus mit der Inschrift »Café Guillaume Tell« vorbeirasselt, das nur auf Schweizer Boden stehen kann. Und außerdem war auch der damalige Schweizer Bundespräsident in die Bemühungen um Fontanes Freilassung eingeschaltet, insofern ist – nicht nur für ihn – die Schweiz ein Synonym für Liberalität.

Für einen Menschen, dessen Sympathie vor allem dem Norden gilt, sind die Alpen kein Traumziel. Zwar hat Fontane häufig Ferien im Gebirge gemacht, doch waren es die sanften Höhen des Harzes oder des Riesengebirges. 1865 aber braucht er Erholung und Abstand vom Norden, denn er schreibt am Buch über den Deutsch-Dänischen Krieg. Und trotz seiner habituellen Sehnsucht nach Nördlichem, nach Wellenrauschen am Meeresstrand reist er in die Schweiz der Rekreation halber. Leider sind über seine Ferien dort im September 1865 keine Aufzeichnungen erhalten; aber in einem späteren Brief erinnert sich Fontane an die besonders erholsamen Tage in Interlaken. Als Liebhaber des

Historischen scheint ihn aber – wie nicht selten – weniger das Ursprüngliche als das Kulturelle, weniger die Natur als die Historie fasziniert zu haben.

Vor allem die Schweizer Denkmalskultur weckt sein Interesse, und 1865 hält er nach seiner Rückkehr einen Vortrag über »Denkmäler in der Schweiz«. Zu Beginn seiner Ausführungen scheint er nach Art von Peter Parley jenes Wissen (d. h. Vorurteile) aufzuzählen, das den Menschen beim Thema Schweiz einfällt. »Die Schweiz hat ihre Alpen und ihre Seen, ihre Uhrenfabriken und ihre Spitzklöppeleien, aber Denkmäler – Niemand entsinnt sich, davon gehört zu haben.« Nach einem kurzen Überblick über die Entwicklung von Denkmälern besonders in Preußen zeigt Fontane dann aber die Besonderheit von steingewordener Erinnerung in der Eidgenossenschaft auf. Es verwundert nicht, dass er dieses vor allem an Denkmälern für Wilhelm Tell tut, wobei die Tellskapelle am Urnersee (einem Teil des Vierwaldstättersees) ihm so gefallen hat, dass sie auch in Romanen wie z. B. *Stine* auf einem Bild in der Wohnstube zu sehen ist. Das Besondere all jener Gedenkstätten, das diese von preußischen unterscheidet, ist das Charaktervolle, das Nicht-Konventionelle, das Nicht-Pompöse, und hier zeigt Fontane große Sympathie für die Eidgenossen.

> »Die Schweiz hat ihre Alpen und ihre Seen, ihre Uhrenfabriken und ihre Spitzklöppeleien, aber Denkmäler – Niemand entsinnt sich, davon gehört zu haben.«

Zehn Jahre später fährt Fontane wieder in die Schweiz, eigentlich eher »durch« die Schweiz, um noch einmal Italien zu besuchen. Anders als beim ersten Mal ist dieser Schweizer Aufenthalt weniger entspannend, denn an jenen Orten, an denen sich der Schriftsteller von seiner Arbeit hätte erholen können, macht er nur kurz Station. Er reist über Freiburg im Breisgau, wo er eine Verwandte besucht, nach Basel, wo ihm seine Unterkunft, das Hotel »Storch« – vermutlich »Zum Storchen«, ein sehr traditionsreiches und sehr altes Haus – ebenso missfällt wie dessen Wirtin. Ganz anders urteilt er über die nächste Unterkunft, den »Schweizer Hof« in Neuhausen, der hoch über

Abb. S. 115
Bad Pfäfers –
Taminaschlucht

dem Rheinfall liegt. In einem Brief an seine Frau (6. August 1875) schreibt
Fontane begeistert: »Auch das Gasthaus hier ist am besten; echt englisches
Hotel, in dem man wieder Mensch wird. Viel tragen zu dieser wohltuenden
Erscheinung allerdings die Engländer selbst bei; richtiger die Engländerin-
nen. Es hilft nichts; wir verschwinden neben ihnen. [...] Durch Abstammung,
Erziehung, Pflege, Freiheit und allerglücklichste Lebensverhältnisse repräsentieren sie schließlich eine höhere Rasse. Das ganze Volk trägt einen aristokratischen Stempel.« Enthusiastischer hat sich Fontane kaum über die von
ihm nicht selten kritisierten Briten geäußert – vielleicht trug dazu aber auch
die Hochgestimmtheit über das luxuriöse Hotel bei. Ferner sieht Fontane
auch Vorteile für Hochzeitsreisende, die nicht durch Museen hasten müssen,
sondern – das rauschende Donnern des Wasserfalls alles übertönend in den
Ohren – schweigen können. Damit wird nach dem Urteil des erfahrenen, bald
silberne Hochzeit feiernden Ehemannes eine Klippe vermieden, »an der fast
alle Liebespaare scheitern: die Unterhaltungsnot«. In seinen Romanen wird er
sich etliche Jahre später als ein Experte für Flitterwöchner auf Reisen zeigen.

> *»Unter allem derartigen, was ich gesehn ist es das Großartigste. Die Fingalshöhle auf Staffa ist fast noch schöner und poetischer, verschwindet aber an Imposance daneben.«*

Doch trotz der »englischen Atmosphäre« verweilt Fontane hier nicht länger.
Er reist weiter nach Bad Ragaz, dem Kurort im östlichen Kanton St. Gallen,
direkt an der Grenze zu Graubünden gelegen. Ragaz war einer der nobelsten
Badeorte in der 2. Hälfte des 19. Jahrhunderts mit internationalem Publikum,
zu dem auch Mitglieder von Königshäusern gehörten. An die Kaiserin Eugénie,
die Frau von Napoleon III., erinnerte das *Chalet de l'Impératrice*, in dem sich
Fontane einquartierte. Während seines Aufenthaltes fährt er zum Alten Bad
Pfäfers (oder auch – wie in seinen Texten – *Pfäffers*), dessen Quelle Heilungs-
suchende aus aller Welt anzog. Doch ihn interessiert weniger das Badeleben
als die grandiose Taminaschlucht, in der die Heilquelle entspringt. Seinen

Eindruck schildert er in einem Brief an seine Frau (7. August 1875): »Unter allem derartigen, was ich gesehn ist es das Großartigste. Die Fingalshöhle auf Staffa ist fast noch schöner und poetischer, verschwindet aber an Imposance daneben.« Immerhin gewinnt hier die Schweiz den Vergleich mit Schottland! Heute wird die »Imposance« durch eine riesige Bogenbrücke geleistet, die seit kurzem die Schlucht überspannt.

> *»Schweiz, Italien, Paris muss man gesehen haben, das ist man sich schuldig [...]«*

Zwar war der Aufenthalt in Bad Ragaz nur kurz, doch findet er mehr als zwanzig Jahre später Eingang in den letzten Roman Fontanes. Der Schwiegervater des jungen Stechlin lernt in dem Schweizer Ort seine künftige Frau kennen und lieben – der Beginn einer glücklichen Ehe. Und der alte und sehr kranke Stechlin muss zu seinem Bedauern seinen Hausarzt zur Kur nach Pfäfers reisen lassen, denn dessen Frau leidet unter Rheumatismus, und da wäre dieser Ort der »letzte Trumpf. Schweizerbad mit allen Schikanen und wahrscheinlich auch mit allen Kosten.« Und dann wollen sie, wenn einmal dort, noch weiterreisen nach Italien durch die unheimliche *Via Mala* und über den Splügen – genau die Route, die Fontane 1875 auf seiner zweiten Italienreise auch genommen hatte.

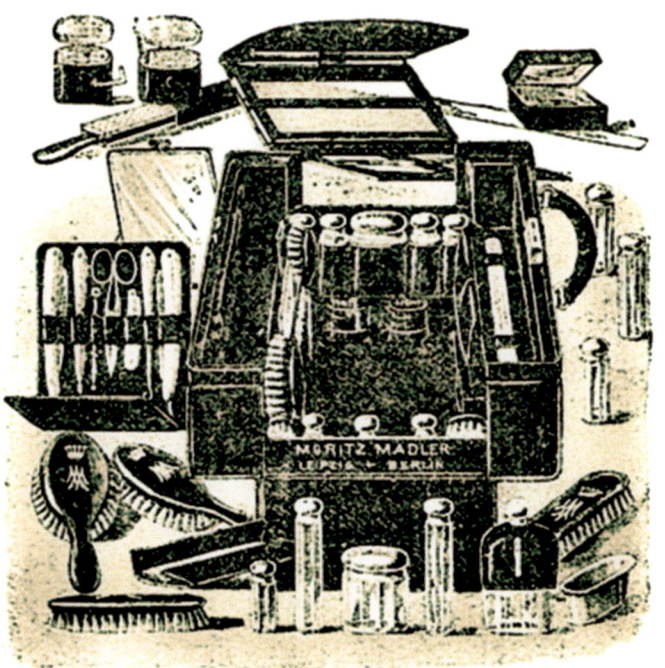

Was er allerdings im Roman nicht schreibt und was die besondere Abenteuerlichkeit der Strecke und ein wenig auch die – zuweilen unfreiwillige – Abenteuerlust des Reisenden ausmacht, ist die Gefahr einer Kutschfahrt über schwindelerregende, kurvige Passstraßen. Dort, wo der Tourist heute eine wohlausgebaute, durch Tunnelführung ungefährliche Straße nutzen kann, sieht Fontane beim Befahren der *Via Mala* das Elementar-Ungeheuerliche, die Großartigkeit des Imposanten (wie in der Taminaschlucht). Natürlich ist der Abhang noch ungesichert, natürlich sind Leitplanken noch unbekannt, und die heißen Sonnenstrahlen im August lassen gesundheitliche Schäden befürchten. Erleichtert kann Fontane seiner Frau schreiben, alles gut überstanden zu haben, als er auf dem Lago Maggiore seinem nächsten Ziel entgegenfährt.

Interessant ist freilich, dass Fontane diese Strapazen für die Reise in ein Land unternimmt, dass nur bedingt zu seinen »Traumorten« gehört. Zwar schreibt er an seinen Sohn Theodor: »Schweiz, Italien, Paris muss man gesehen haben, das ist man sich schuldig [...]« (29. August 1898), doch über das bloße »Sehen« und das Besichtigen von Kunstwerken und Naturschönheiten geht sein Interesse kaum hinaus. Bereits ein Jahr zuvor (1874) war Fontane in den Süden gereist – zusammen mit Emilie war es gewissermaßen eine nachgeholte Hochzeitsreise oder eine vorgezogene Silberhochzeitsreise. Ein Jahr darauf hätte diese zu einer richtigen werden können, doch da fuhr Fontane aus finanziellen Gründen allein.

Anders als bei seinen früheren europäischen Wanderungen mag in Italien die Sprache ein Problem gewesen sein, obwohl z. B. die Wiener Zeitschrift *Der Osten* in ihren Reiseempfehlungen 1870 schreibt, in Italien komme man überall mit Deutsch aus und in diesem Zusammenhang auch auf das Hotel Bauer in Venedig verweist. Dennoch ist Fontanes Kommunikation mit Einheimischen nicht sonderlich intensiv und beschränkt sich zumeist auf die üblichen touristischen Kontakte. Im Übrigen trafen die Fontanes fast auf allen Stationen ihrer Unternehmung »italienkundige« deutsche Reisende oder sogar Bekannte aus Berlin, mit denen man sich austauschen konnte. Das verwundert nicht, denn das Paar nimmt die mehr oder minder traditionelle Route von Venedig über Rom zum Golf von Neapel und erlebt dabei genau das, was der Baedeker empfiehlt: zum Beispiel eine Gondelfahrt auf dem Canal Grande, eine Messe im Vatikan oder einen Besuch der Blauen Grotte. Zwar hatte Fontane einen Freund wissen lassen, man könne Italien auch wegen der Politik und nicht nur wegen der Kunst bereisen, doch genau das Letztere macht das kulturbeflissene Ehepaar im Wesentlichen. Man besucht Kirchen und Tempel, Museen und Ruinen, Monumente und Denkmäler, goutiert Frömmigkeit und Schönheit, Antike und Ästhetik – also Kunst und Kunstwerke. Emilie ist angestrengt, aber begeistert, Theodor ist müde, aber unermüdlich und strebt von einer Sehenswürdigkeit zur nächsten, immer eifrig Notizen machend, die er nachher allerdings kaum verwenden wird. Besonders intensiv erlebt man Rom und schafft es in kurzer Zeit, nahezu alle wichtigen Sehenswürdigkeiten »abzuhaken«.

Beide Fontanes genießen ihre erste große gemeinsame »europäische« Reise, bei der sie mehr Zeit füreinander haben als im Berliner Alltag. Und wenn es auch keine richtige Hochzeitsreise ist, so gestalten sie ihre Tage doch so, als sei es eine solche – zumindest eine, wie sie Theodor Fontane in mehreren seiner Romane später beschreiben wird. Natürlich ist ihre Reise nicht so de-

saströs wie die, welche Gräfin Melusine im *Stechlin* erlebt, wenn sie bereits im Zugabteil kurz nach der Trauung erkennt, dass ihre Ehe am Ende ist. Und im Roman *Stine* weiß Pauline Pittelkow, die lebenskluge Schwester der Protagonistin, dass ihresgleichen nie eine Hochzeitsreise mit einem Mann von Adel unternehmen wird, was impliziert, dass auch eine Heirat nicht im Bereich der Möglichkeiten liegt, denn: »Es hat nu mal jeder seinen Platz, un daran kannst du nichts ändern, un daran kann auch das Grafchen nichts ändern.«

Allerdings sind derartige Fahrten in Fontanes Romanen vor allem für die Ehefrauen von zweifelhafter Attraktivität, denn fast alle »Flitterwöchner« hetzen durch Museen und Galerien, wobei zumeist der Ehemann die treibende Kraft ist. So will Baron Innstetten auch hier seine junge Frau Effi Briest erziehen, die ihm ergeben durch die Kunstwelt folgt. Sie schreibt brav viele Postkarten an die Eltern, sei es aus Verona, aus Vicenza oder aus Padua, und jede fängt an: »›Wir haben heute vormittag die hiesige berühmte Galerie besucht‹, oder wenn es nicht die Galerie war, so war es eine Arena oder irgendeine Kirche ›Santa Maria‹ mit einem Zunamen«. Der alte Briest spottet – leicht

resigniert – über seinen Schwiegersohn, der jede Galerie neu katalogisieren will. Aber: »Das ist eben das, was man sich verheiraten nennt«, und er könnte hinzufügen, das sei eben das, was man eine Hochzeitsreise nennt.

Oder da sind die Leiden, die Franziska, die junge Frau des Grafen Petöfy erlebt, als sie viele Galerien durchwandern muss. Ihrer vertrauten Freundin Hannah klagt sie, dass der Graf zwar wenig von Kunst verstünde, ihr gegenüber aber den Experten spiele. »Und das alles, wenn man elend und hungrig ist und kaum noch stehen kann, denn sie haben nirgends Stühle, bloß Bilder und immer wieder Bilder. Ach, da hieß es dann, sich zusammennehmen, und mir war oft das Weinen nahe.« Doch sie will eine gute Ehefrau sein, und die erträgt auch permanenten Kunstgenuss. Nur Woldemar von Stechlin und seine Frau lässt Fontane entspannt reisen und einige jener Orte aufsuchen, die auch ihm gefallen haben. Vielleicht darf das Paar deshalb länger am malerischen Golf von Neapel verweilen und in Amalfi, Sorrent und zuletzt in Capri nächtigen in einem Hotel, das die Aussicht auf den Vesuv bietet.

Diese Aussicht haben auch die Fontanes von ihrem Hotelzimmer in Neapel (sie sind direkt am Meer im *Hotel Washington* abgestiegen), und Fontane schwärmt in einem Brief, dass der Golf von Neapel »sonnen-beschienen und boote-befahren« in herrlichsten Farben vor ihm liege. Vermutlich hätte es ihn beeindruckt, dass Alexandre Dumas, dessen Grab er drei Jahre zuvor nahe

Dieppe verehrungsvoll aufsuchte, auch in diesem Hotel logiert hat – damals, als der französische Autor den Politiker Garibaldi bei dessen Unabhängigkeitskampf unterstützte. An dem Schicksal des italienischen Nationalhelden nahm natürlich auch der Historiker Fontane regen Anteil, wie man vor allem in den »Kriegsbüchern« von 1870/71 lesen kann.

> »[...] poetisch durch und durch, aber es repräsentiert doch nicht die Form der Schönheit, die ich dauernd vor Augen haben möchte.«

Die Reisen Fontanes weisen durchaus einige abenteuerliche Aktivitäten auf, wie zum Beispiel eine nächtliche Ruderbootfahrt von Capri nach Sorrent, die eigentlich den poetischen Eindruck von der Blauen Grotte fortsetzen sollte. Die Fahrt beginnt romantisch und endet mit einem erkälteten Theodor im Bett. Wie denn gesundheitliche Probleme dem Ehepaar häufig zu schaffen machen – seien es ein verdorbener Magen oder diverse »Nervenpleiten«, die das Ehepaar Fontane und später auch die Tochter Mete daheim und unterwegs nicht selten heimsuchen. Eine gewisse Anfechtung stellt die ungewohnte italienische Küche dar, weshalb man in Verona das bestellte »Cotelett« wegen der Zubereitung mit Knoblauch stehen lässt. Das Zimmer dort im Hotel »Colomba doro« (i. e. Colomba D'Oro, heute ein 4-Sterne-Haus) ist einfach, aber ausreichend, vor allem für das ermüdete Paar. Später (1896) wird Fontane seiner Tochter nicht mehr dieses Haus empfehlen, sondern »Duc Torre« (vermutlich *Due Torri*, heute ein Luxushotel) und »Torre di Londra«, denn »*das* sind wundervolle Gasthöfe von englischem Zuschnitt« – und das ist natürlich entscheidend!

In Venedig logiert das Ehepaar Fontane im Hotel Bauer. Dieses wird 1870 in einem Wiener Fremdenblatt zusammen mit dem späteren Luxushotel Bauer-Grünwald aufgeführt. Es empfiehlt sich besonders deutschen Gästen mit günstigen Preisen und wirbt mit dem Hinweis, dass ständig eiskaltes Lager- und Märzenbier frisch vom Fass gezapft werde – das Ehepaar weiß das zu schätzen. Fontane notiert in seinem Tagebuch auch Sätze, die ein wenig seine sonst gezeigte Weltläufigkeit konterkarieren. Über das »ausgezeichnete«

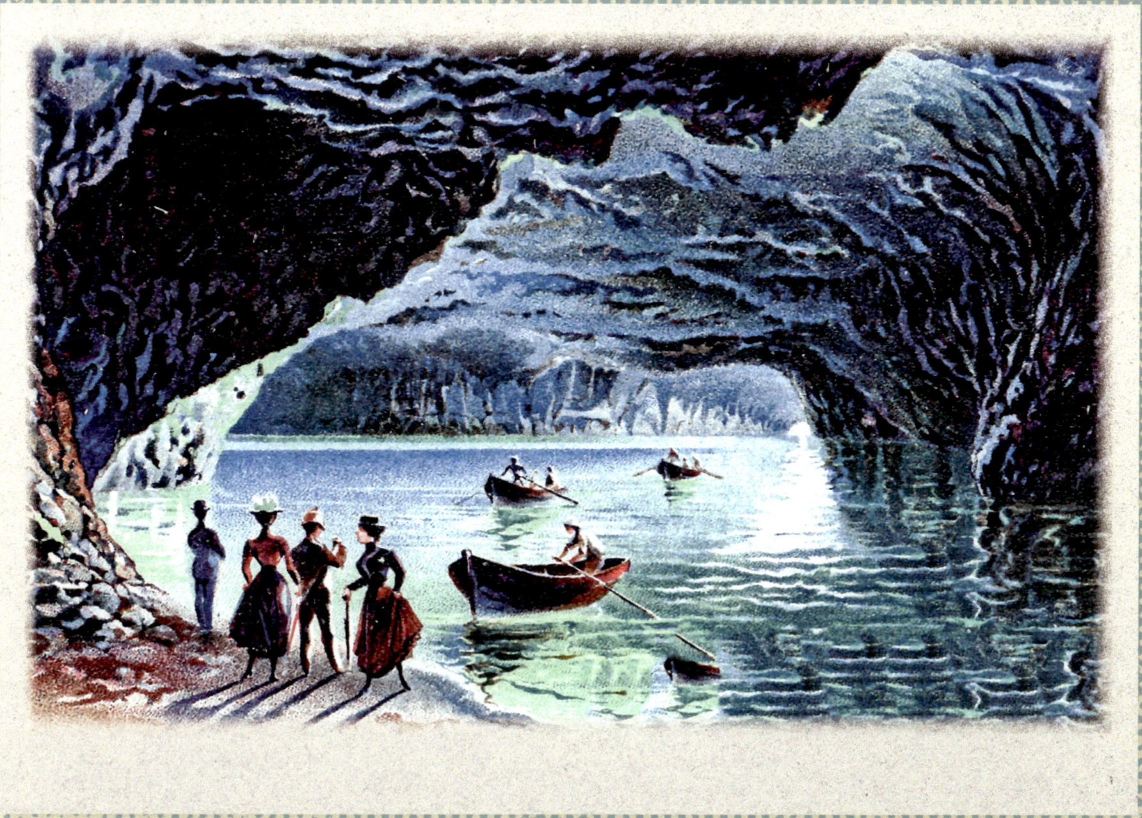

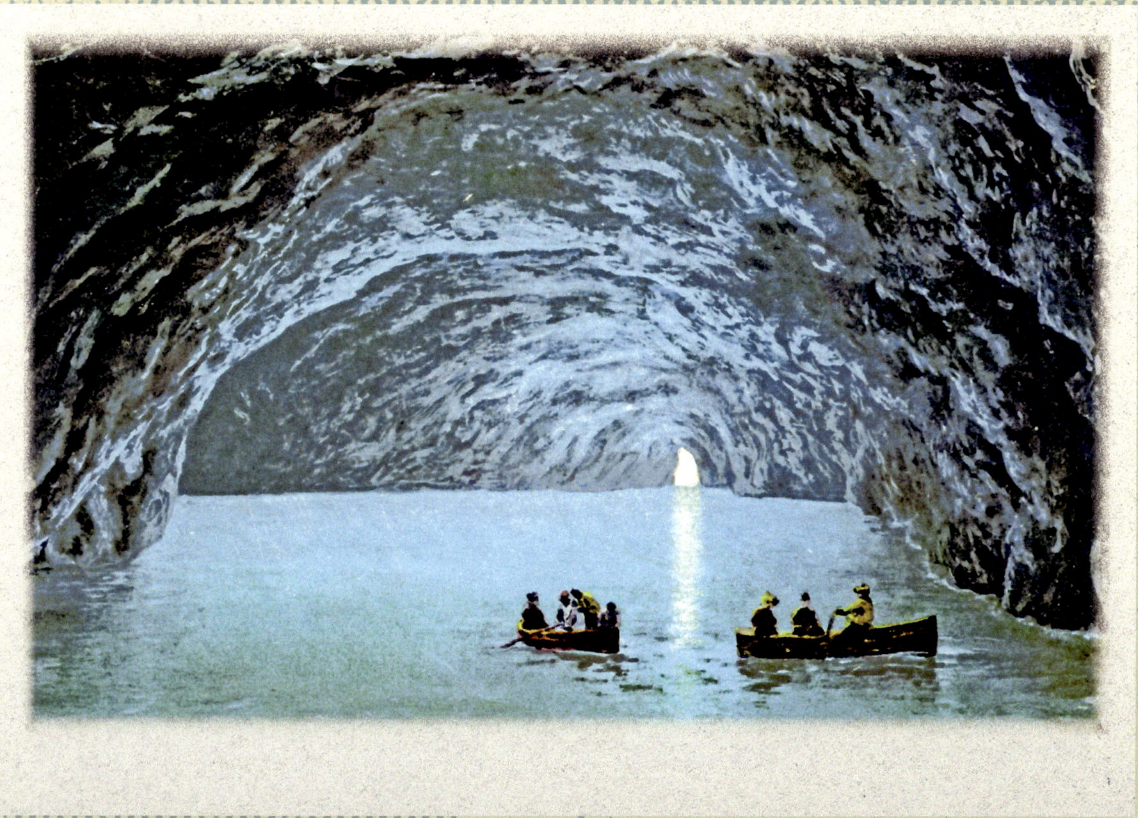

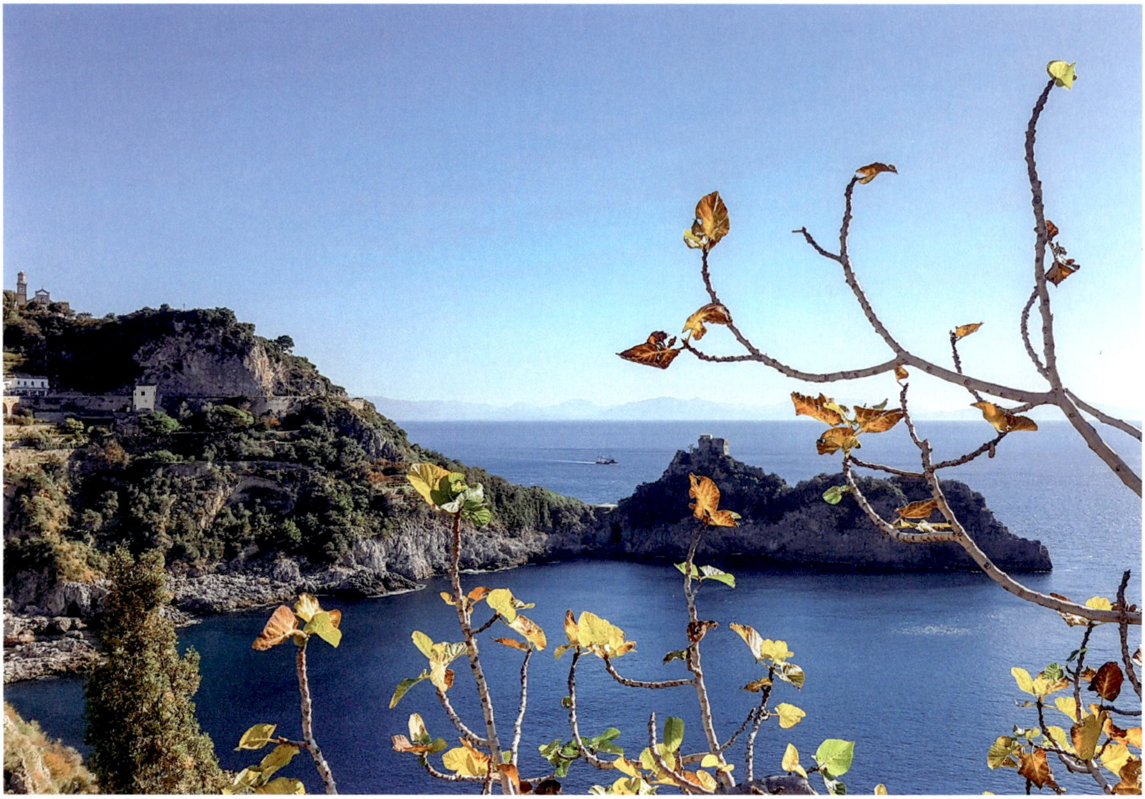

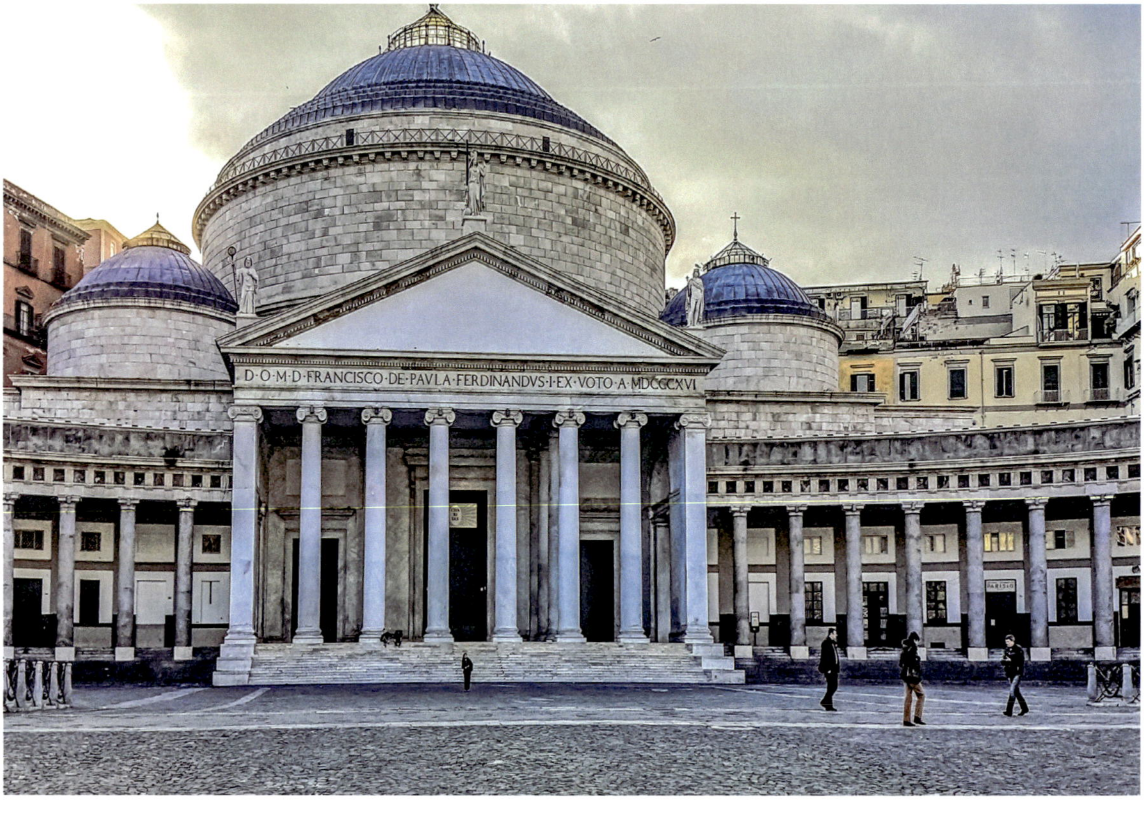
D·O·M·D·FRANCISCO·DE·PAVLA·FERDINANDVS·I·EX·VOTO·A·MDCCCXVI

Restaurant des großen Hotels schreibt er nämlich, dass dort immer das regste Leben herrsche – »so recht ein gutes deutsches Kneipenlokal. [...] Alle Deutschen finden sich hier zusammen.« Für Venedig ist Fontane voller Bewunderung, allerdings stören ihn die vielen 1000 Menschen, die den Markusplatz wie einen Riesen-Tanzsaal wirken lassen, denn die Stadt sei eine »Touristen-Stadt«. Ein Eindruck, der auch heutigen Besuchern nicht unbekannt sein dürfte. Abschließend urteilt er über die Stadt in einem Brief an ein befreundetes Ehepaar (10. Oktober 1874): Venedig ist »[...] poetisch durch und durch, aber es repräsentiert doch nicht *die* Form der Schönheit, die ich *dauernd* vor Augen haben möchte. Dazu ist mir, rund heraus gesagt, die ganze Geschichte doch zu schmutzig. Sie bedarf des Mondlichts, bei dem man nur halb sieht [...].«

Abb. S. 124 oben: Amalfiküste; unten: Neapel – Piazza del Plebiscito

Der Tourist Fontane unterscheidet sich in mancher Hinsicht von dem »professionellen« Wanderer durch Europa. Während der eine vor allem Kunst und Kunstwerke in Mengen »konsumiert« und zwischendurch noch den blauen Himmel, die Sonne und die Landschaft sieht, beobachtet der andere stärker kritisch-wohlwollend Land und Leute mit dem Focus auf Politik und Geschichte. Interessanterweise vergleicht Fontane während seiner zweiten Italienreise Mailand mit Berlin – also die Hauptstadt der Lombardei mit der Hauptstadt des nicht lange zuvor gegründeten Deutschen Reiches –, und Mailand wird von ihm favorisiert, denn allein die »Galleria Vittorio Emanuele II« lässt die »Passage« in Berlin zu einem Gässchen schrumpfen. »Überhaupt, welche Stadt! O Berlin, wie weit ab bist Du von einer wirklichen Hauptstadt des Deutschen Reiches!« So schreibt Fontane an die daheimgebliebene Emilie (10. August 1875), und seine Reflexion über Deutschland im Vergleich zu anderen europäischen Staaten steigert sich zu einer veritablen Empörung, wenn er feststellt: »Überhaupt will es mir nicht glücken, es im Auslande zu irgend einer patriotischen Erhebung zu bringen. Nicht nur, dass man Schritt um Schritt empfindet, wie sehr uns diese alten und reichen Culturlande voraus sind, nein, man taxiert uns auch in diesem Sinne.« Deutsch wird nicht gesprochen, oder man will es nicht sprechen, und alles dreht sich nur um England und Frankreich – selbst in den Buchläden. Und das Allerschlimmste: noch nicht einmal seine *Wanderungen durch die Mark Brandenburg* findet er – einigermaßen indigniert – dort im Angebot. Das zumindest wäre ihm in Berlin nicht passiert!

Dennoch: Italien hat großen Eindruck auf ihn gemacht. Die Fülle an Kunstwerken, der Reichtum an Baudenkmälern erschien ihm nahezu überwältigend und weder bei einem kurzen noch bei einem längeren Aufenthalt angemessen zu erfassen. An seinen Freund Zöllner schreibt er realistisch-resignativ, dass sie bald abreisen werden. »Wir tun es mit dem Gefühl, nur einen Zacken vom Baumkuchen, allerdings wohl die vorstehendste, braunste und schmackhafteste Stelle, genossen zu haben.« Und er empfindet deutlich, »dass die Zeitfrage an dieser Erdenstelle eine ziemlich gleichgültige ist«. Fontane ist sich der Tatsache bewusst, dass er als älterer Schriftsteller eine andere Sicht auf Italien hat, als er sie vielleicht als junger Mann gehabt hätte. Jedenfalls schreibt er an seine Vertraute Mathilde von Rohr kurz nach der Heimkehr (24. November 1874), dass ihn vor dreißig Jahren keine zehn Pferde aus Neapel weggebracht hätten, doch jetzt begreife er, dass seine Lebensaufgabe nicht am Golf von Neapel, sondern an Havel und Spree liege. Noch aber weiß er zu diesem Zeitpunkt nicht (auch wenn er es vielleicht erhofft), dass seine wichtigste Lebensaufgabe in den nächsten Jahren darin bestehen wird, der bedeutendste deutsche Romancier der zweiten Hälfte des 19. Jahrhunderts zu werden.

Die Italienreisen haben – abgesehen von den Erlebnissen der »Flitterwöchner« in den verschiedenen Romanen – kaum Spuren in Fontanes Werk hinterlassen. Nur ein Artikel über Florenz für die *Vossische Zeitung* wird im Januar 1875 erscheinen. In seinem Tagebuch für 1874 notiert Fontane am Jahresende: »Ich war mit Niederschreibung und Correctur eines Aufsatzes ‚Ein letzter Tag in Italien‘ die ganze Festzeit über beschäftigt. Er kostete mehr Zeit, als er werth war, machte sich aber dadurch glänzend bezahlt, dass er meinen Entschluss: über Italien *nicht* zu schreiben, befestigte.« Und dabei blieb es!

Schluss

oder *Von der Mark Brandenburg nach Europa – und wieder zurück*

Wer Fontane auf seinen Wanderungen durch Europa begleiten möchte, kann – nicht nur in Gedanken – an jenen Orten Aufenthalt nehmen, die für den Autor »Traumorte« waren, und dabei auf einer solchen Zeitreise Ungewöhnliches erfahren. In einem Jahrhundert der strikten Grenzen, der blutigen Schlachten, der patriotischen Gegnerschaften erlebt er einen Autor, der diese Gegebenheiten zwar nicht negiert, wohl aber kritisch sieht, diese Kritik in seinen Schriften übermittelt und durch seine Einstellung auch anderen Nationen Gerechtigkeit widerfahren lässt.

Der Schriftsteller Theodor Fontane steht als bedeutender Repräsentant der deutschen Literatur im 19. Jahrhundert für die Mark Brandenburg und Berlin, für Romane und Balladen, für Theaterkritiken und Kriegsbücher – zu wenig aber verbindet man mit diesem Namen »europäische Weltläufigkeit« oder »preußische Internationalität«. Für einen Mann des vorletzten Jahrhunderts, dessen Lebensspanne (1819–1898) diesen Zeitraum annäherungsweise umfasst, war er in sehr viel stärkerem Maße als die meisten seiner Zeitgenossen an der Welt jenseits preußischer (und später deutscher) Grenzen interessiert. Sein Verständnis für die Kultur wie für die Politik anderer europäischer Länder war insgesamt von einer für die damalige Zeit bemerkenswerten Toleranz und Weitsicht geprägt. Dies lässt sich besonders in seinen Büchern über die Einigungskriege 1864, 1866, 1870/71 erkennen.

Prägend war die Hafenstadt an der Ostsee, in der der junge Fontane aufwuchs und schon als Kind erfuhr, dass hinterm Berge, genauer: hinter dem Horizont auch Leute wohnen. Und vor allem – so heißt es im Roman *Der Stechlin* weiter – »mitunter noch ganz andre«. Und das Bewusstsein, dass die Welt nicht nur von Märkern oder Berlinern bevölkert wird, konnte sich deswegen entwickeln, weil Fontane bereits als junger Mann internationale Erfahrungen in der damaligen Weltstadt London machte. So schreibt er 1844: »London hat einen unvertilgbaren Eindruck auf mich gemacht [...]. Es ist das Modell oder die Quintessenz einer ganzen Welt.« Deshalb konnte sich Fontane bis 1859 – um hier ein Zitat aus dem *Stechlin* wieder aufzunehmen – an der Themse anders »auswachsen«, als es in der märkischen Provinz oder auch in Berlin möglich gewesen wäre.

Während der Schriftsteller britische Kultur, Politik und nationale Eigenheiten in Friedenszeiten kennenlernte, waren die folgenden »europäischen Wanderungen« problematischer. Dänemark und die Habsburger Monarchie besuchte Fontane im Nachgang kriegerischer Auseinandersetzungen, wobei er sich – obwohl Angehöriger der Siegermächte – um Fairness bei der Darstellung von Land und Leuten bemühte. Besonders deutlich wird diese Einstellung, als der Autor in französische Kriegsgefangenschaft gerät. Statt polemisch die »Erbfeindschaft« zu bemühen und das Leid des Eingesperrten zu beklagen, zeichnet Fontane das Bild von kultivierten, sympathischen Franzosen, die ihm als Wärter, Soldaten oder Bürger sein Schicksal erleichtern. Kaum jemals dürfte ein Inhaftierter so viel Verständnis für seine »Kermeister« aufgebracht haben.

Fontanes »Wanderungen durch Europa« stellen einen wichtigen, bisher nicht genug gewürdigten Teil seines Lebens und seines Werkes dar, weshalb sie Grundzüge einer Biografie des märkischen Europäers im Kontext der Bedingungen seiner Zeit veranschaulichen. Und dieser Zeit war Fontane voraus; er war – cum grano salis – ein Europäer, als man noch kaum europäisch dachte. Und damit kann ein Buch über diesen Autor des 19. Jahrhunderts einen Beitrag leisten zur Stärkung des Europagedankens im 21. Jahrhundert – gerade jetzt besonders wichtig und über das bloß Literarische hinausweisend.

Abb. S. 130:
Hafen von Swine-
münde;
Abb. S. 131:
Theodor Fontane
an seinem
Schreibtisch 1896;
Abb. S. 132:
Theodor Fontane,
Melrose Abbey

Mondesaufgang

(Nach W. Scott.)

Und willst du das Zaubern sicher sehn,
So mußt du Mondesaufgang sehn;
Das goldne Korn, das Tages Licht,
Sie passen zu seinem Schimmer nicht.
Wenn die Bögen der Kirchen im Schatten stehn,
Die Fenster der Pfeiler nicht mehr Säulen sehn,
Wenn das weiche, kalte, zitternde Licht
Um den Mittelschirm seinen Gürtel flicht,
Wenn die Sterbegebilde sich tanzend mischen,
Halb schwarz, halb schneeweiß,
Wenn Dämmrung nach allen Gräbern langt
Und die weißen Figuren noch weißer
                                   umschmiegt,
Wenn das Rauschen des Stroms, weithin gehört,
Die Stimme der mächtigen Stille stört, —
Ja, dann tritt ein; bei Mondesschein
Das Zaubern Walter's und — Gott ist allein.

Berlin   Th. Fontane
8. 5. 78.

Danksagung

In meiner langjährigen Beschäftigung mit Theodor Fontane habe ich von vielen Menschen Unterstützung erfahren. Dafür möchte ich danken: Hansherbert Bachmann, Heilbronn; Prof. Dr. Roland Berbig, Berlin; Prof. Dr. Hinnerk Bruhns, Paris; Klaus Burri, Zürich; Prof. Dr. Helen Chambers, St Andrews; Dr. Michael Ewert, München; Gerhard von Forster (†), Erlangen; Dr. Christine Hehle, Wien; Dr. Manfred Horlitz (†), Potsdam; Prof. Dr. Charlotte Jolles (†), London; Dr. Joachim Kleine, Zeuthen; Hans-Werner Klünner (†), Berlin; Grazyna Krause, Bochum; Klaus-Peter Möller, Potsdam; Dr. Rudolf Muhs, London; Prof. Dr. Helmuth Nürnberger (†), Freienwill; Günter Pfannenstein (Foto Hamer), Bochum; Dr. Gabriele Radecke, Göttingen; Werner Rauscher, Bochum; Prof. Dr. Henry H. H. Remak (†), Bloomington (Indiana, USA); Peter Schäfer, Potsdam; Dr. Beate Schneidereit, Bochum; Jutta Schreiber, Bochum; Bernd Tiemann, Potsdam; Prof. Dr. Peer Trilcke, Potsdam.

Ferner ist folgenden Institutionen zu danken: British Library, London; Historiecenter Dybbøl Banke, Sonderborg; Heeresgeschichtliches Museum, Wien; Institut für Zeitungsforschung, Dortmund; Musée de la Guerre de 1870 et de l'Annexion, Gravelotte; National Railway Museum, York; Niedersächsische Staats- und Universitätsbibliothek, Göttingen; Theodor Fontane – Arbeitsstelle, Universität Göttingen; Theodor-Fontane-Archiv, Potsdam; Theodor Fontane Gesellschaft, Neuruppin; Universitätsbibliothek Bochum.

Dann möchte ich jenen danken, die besonders eng mit der Entstehung und Gestaltung des Buches verbunden sind: Dr. Elisabeth Sandmann für das Interesse am Thema, die Aufnahme des Bandes in ihr Verlagsprogramm und die gute Zusammenarbeit, Heike Ochs für ein intensives und förderliches Lektorat und Anja Fuchs für die Gestaltung.

Zuletzt aber und nicht am wenigsten gilt mein Dank meinem Mann, Prof. Dr. Dieter Berg, der mich auf allen Reisen begleitete und geduldig wartete, bis die Notizen geschrieben und die Fotos gemacht waren. Er ist mein erster Leser und unterstützt mich immer – nicht nur bei diesem Projekt.

Literaturverzeichnis

Quellen

Fontane, Theodor: Schriften und Briefe, Abt. I–IV, hrsg. von Walter Keitel und Helmuth Nürnberger, München 1961ff.

Fontane, Theodor: Große Brandenburger Ausgabe. Erzählerisches Werk, Wanderungen durch die Mark Brandenburg, Gedichte, Briefe, Tagebücher, Autobiographisches, Theaterkritiken, Reiseliteratur. Begründet und hrsg. von Gotthard Erler. Fortgeführt von Gabriele Radecke und Heinrich Detering, Berlin 1995ff.

Fontane, Theodor: Der Schleswig-Holsteinische Krieg im Jahre 1864, Berlin 1866.

Fontane, Theodor: Der deutsche Krieg von 1866, Berlin 1871.

Fontane, Theodor: Der Krieg gegen Frankreich 1870–1871, Berlin 1873ff.

Andree, Christian (Hrsg.): Theodor Fontane. Reisebriefe vom Kriegsschauplatz Böhmen 1866, Frankfurt/Main u.a. 1973.

Andree, Christian (Hrsg.): Theodor Fontane, Mein skandinavisches Buch, Kiel 2004.

Dieterle, Regina (Hrsg.): Theodor Fontane und Martha Fontane. Ein Familienbriefnetz, Berlin u.a. 2002.

Hettche, Walter (Hrsg.): Theodor Fontane. Briefe an den Verleger Rudolf von Decker, Heidelberg 1988.

Radecke, Gabriele (Hrsg.): Theodor Fontane – Bernhard von Lepel. Der Briefwechsel, 2 Bde., Berlin/New York 2006.

Radecke, Gabriele (Hrsg.): Theodor Storm – Theodor Fontane. Der Briefwechsel, Berlin 2018.

Sekundärliteratur in Auswahl

Alter, Peter/Muhs, Rudolf: Exilanten und andere Deutsche in Fontanes London, Stuttgart 1996.

Aus der Au, Carmen: Theodor Fontane als Kunstkritiker (Schriften der Theodor Fontane Gesellschaft 11), Berlin/Boston 2017.

Bajohr, Franz: »Unser Hotel ist judenfrei«. Bäder-Antisemitismus im 19. und 20. Jahrhundert, Frankfurt / Main 2003.

Berbig, Roland: Theodor Fontane Chronik. Bd. 1–5, Berlin / New York 2010.

Berg-Ehlers, Luise / Schreiber, Jutta / Schmid, Gregor M.: Eine kulinarische Reise mit Theodor Fontane; Köln 1998.

Briggs, Asa: Victorian Cities, London 1990.

Buk-Swienty, Tom: Schlachtbank Düppel, Hamburg 2011.

Chambers, Helen: Fontane-Studien, Würzburg 2014.

Craig, Gordon A.: Über Fontane, München 1997.

D'Aprile, Iwan-Michelangelo: Theodor Fontane. Ein Jahrhundert in Bewegung, Reinbek bei Hamburg 2018.

Delf von Wolzogen, Hanna / Nürnberger, Helmuth: Theodor Fontane. Am Ende des Jahrhunderts, Bd. 1–3, Würzburg 2000.

Delf von Wolzogen, Hanna / Faber, Richard / Peitsch, Helmut (Hrsg.): Theodor Fontane. Berlin, Brandenburg, Preußen, Deutschland, Europa und die Welt, Würzburg 2014.

Dieterle, Regina: Theodor Fontane, München 2018.

Ehlich, Konrad (Hrsg.): Fontane und die Fremde. Fontane und Europa, Würzburg 2002.

Fischer, Hubertus / Mugnolo, Domenico (Hrsg.): Fontane und Italien, Würzburg 2011.

Fleischer, Michael: Kommen Sie, Cohn. Fontane und die Judenfrage, Berlin 1998.

Gambihler, Josef: Handbuch für Reisende nach London und dessen Umgebungen, München 1844.

Grawe, Christian / Nürnberger, Helmuth: Fontane-Handbuch, Stuttgart 2000.

Howe, Patricia (Hrsg.): Theodor Fontane. Dichter des Übergangs, Würzburg 2013.

Howe, Patricia / Chambers, Helen (Hrsg.): Theodor Fontane and the European Context, Amsterdam 2001

Jackson, Lee: Dirty Old London, New Haven / London 2015.

Jolles, Charlotte: Fontane und die Politik, Berlin 1988.

Moltke, Helmuth von: Geschichte des deutsch-französischen Krieges von 1870-1871, Berlin 1895.

Müller, F. Max: My Autobiography, New York 1901.

136

Neuhaus, Stefan: Freiheit, Ungleichheit, Selbstsucht? Fontane und Großbritannien, Frankfurt / Main u.a. 1996.
Nürnberger, Helmuth: Theodor Fontane. Märkische Region & Europäische Welt, Bonn 1993.
Nürnberger, Helmuth: Fontanes Welt, Berlin 1997.
Nürnberger, Helmuth / Storch, Dietmar: Fontane-Lexikon, München 2007.
Osborne, John: Theodor Fontane: Vor den Romanen. Krieg und Kunst, Göttingen 1999.
Parley, Peter [i.e. Samuel Griswold Goodrich]: Tales about Europe, Asia Africa, America & Oceania, London 1854.
Perrey, Gudrun / Perrey, Hans-Jürgen: Theodor Fontane in Schleswig-Holstein und Hamburg, Hamburg 1998.
Pietsch, Ludwig: Von Berlin nach Paris. Kriegsbilder, Berlin 1871.
Reinsberg-Düringsfeld, Ida von: Das Sprichwort als Kosmopolit, 3 Bde., Leipzig 1866.
Rutsch, Hans-Dieter: Der Wanderer. Das Leben des Theodor Fontane, Berlin 2018.
Sack, Jörn: Fontane als Kriegschronist, Berlin 2018.
Stolz, Gerd: Theodor Fontane und Schleswig Holstein, Husum 2013.
Ziegler, Edda / Erler, Gottfried: Theodor Fontane. Lebensraum und Phantasiewelt, Berlin 1996.

Und unverzichtbar die *Fontane Blätter*, die seit 1965 in Potsdam erscheinen; herausgegeben vom Theodor-Fontane-Archiv, seit 1994 zusammen mit der Theodor Fontane Gesellschaft.